Monsieur Feillettes

Monsieur
Monsieur Feillettes
Monsieur   Monsieur

AF242186

Ib 36. 32 46.

LE PORTRAIT

DE
SCIPION L'AFRICAIN:

OV L'IMAGE
DE LA GLOIRE
ET DE LA VERTV,

REPRESENTE'E AV NATVREL DANS CELLE
DE MONSEIGNEVR
LE CARDINAL
DVC DE RICHELIEV.

A BOVRDEAVX,
Par GVILLAVME MILLANGES Imprimeur
ordinaire du Roy.

M. DC. XLI.

BIBLIOTHEQUE ROY.

A MONSEIGNEVR·
MONSEIGNEVR
L'EMINENTISSIME
CARDINAL
DVC DE RICHELIEV·

ONSEIGNEVR,

Apres les juſtes loüanges que la Renommée vous a données par autant de diuerſes langues, qu'il y a de diuers peuples ſur la terre, il ne me reſte d'autre liberté, que celle d'admirer vos perfections, comme éleuées à vn ſi haut degré d'eſtime, qu'elles impoſent ſilence à tout le monde, pour n'eſtre pas profanées de ſon foible raiſonement. Apres d'y-je auoir veu prendre l'eſſor aux plus fecondes plumes de l'Europe, pour porter ſur leurs ailes dans l'Olympe où Vous habités, les hom-

mages qu'elles doiuent à voftre gloire immortelle : il
fuffit que ma volonté & mes penfées luy rendent le
méme tribut; puis que la grandeur où vous eftes, &
l'impuiffance où je me trouue , me necefsitent en cette action. Toutefois, MONSEIGNEVR,
ne pouuant me taire dans vn fi beau fujet de parler, je
veux eftre l'Echo de l'Oracle qui vous prefche par
tout l'Vniuers, feul femblable à vous méme. Iufques
à quel poinct n'a-t'on pas veneré voftre pieté , lors
qu'elle a mené en triomphe l'Hydre de l'Herefie , à la
fuite de noftre inuincible Monarque ; qui par fa valeur & par vos confeils en fut l'Hercule. Ie fçay bien
que voftre fage conduite a tiré fon aprobation de la
bouche méme de vos ennemis:mais je puis dire encore & à leur confufion & à voftre auantage, que ceux
qui nous reprefentét la prudence auec vn compas,ne
fçauent pas que la voftre luy en a donné vn nouueau,qui feruira dores-en-auãt de reglé à tous les fages
du monde. De quels eloges n'a-t'on pas honoré voftre juftice ? Et quoy qu'elle méme ait les yeux ban-
dez, il faut aduoüer que vous luy aués fait voir au trauers de fon bandeau, que vous fçaués feul l'art d'efta-
blir l'equilibre de fa balance, fur le poinct qui la rend
immobile. Qui n'a pas efté informé des lauriers
qu'on a prefentés en foule à voftre valeur? mais comme ils apartenoient en propre à celle de noftre Grand
Monarque ; vous vous eftes contenté de l'honeur

qui vous demeure , d'auoir employé voſtre loiſir à luy en faire des couronnes, apres auoir donné vos ſoins à cultiuer la terre qui les à produits. Qui pût douter de voſtre liberalité, ſi vous vous donnés vous méme prodigalement au public , & ſans relache & ſans interualle ? en quels termes ſçauroit-on parler aſſés dignement de voſtre clemence, ſi ſon excez eſt le ſeul defaut de vos inclinations? De mettre en auant les ſeruices que vous aués rendus à l'Eſtat , ils ſont ſi conſiderables d'eux-mémes, que toute la France n'eſtant auiourd'huy qu'vn temple conſacré à la memoire de ſon IVSTE LOVIS, on n'y verra jamais d'autel plus celebre, que celuy qu'on a erigé à la gloire de ſon FIDELE RICHELIEV. En effet, MONSEIGNEVR, quand je conſidere que les plus fortes places du Royaume ſe confient beaucoup plus à vos veilles, qu'à leurs rempars, & que vos ſeuls conſeils ont ſouuent ſerui d'armée à noſtre IVSTE ROY, pour conquerir les prouinces entieres : tout le monde demeure d'accord que la balance qu'il tient d'vne main , empeſche que l'épée qu'il porte de l'autre ne le rende maiſtre de toute la terre, ſans eſtre animé que de ſa valeur , & apuyé de voſtre prudence. Et ce ſont ces verités, MONSEIGNEVR, qui m'obligent à vous preſenter ce Portrait du plus Illuſtre des hommes, puis que vous en eſtes l'Original. Ce qui me donne encore cette nouuelle penſée , que voſtre vie étant celle-là méme de tous les Sages enfemble, on fe contenteroit vn jour de la lire pour le deuenir, fi voftre fageffe pouuoit eftre imitée. Mais certes, MONSEIGNEVR , fes perfections font de telle nature , que nous ebloüiffant de leur éclat, au lieu de nous illuminer , elles rempliffent noftre efprit d'étonnement, pluftoft que de connoiffance. Les fiecles paffés ont beau nous reprefenter fur le theatre de l'hiftoire tous les grands perfonnages, dont la vertu a eternifé le nom: je trouue fi peu de raport de l honeur qu'ils fe font acquis, à la gloire que vous merités, que j'ofe dire fans flatterie qu'il y en auroit beaucoup pour leur memoire, fi j'en faifois la comparaifon. Ce n'eft pas que leur vie ne fût remplie de merueilles: mais celles que vous aués faites font autant de miracles, & fi fenfibles encore, que ceux de la religion pretenduë reformée ont efté contrains d'y adjoufter foy. Apres tout , MONSEIGNEVR , quand je penfe que de toute eternité celuy qui en eft & le terme & la mefure , vous a choifi parmy vn nombre infini de perfonnes pour feruir d'ornement à noftre fiecle, d'appuy à la France , & de fujet d'admiration à toute la terre, je ferois fenté de vous adorer, fi l'éclat de voftre Pourpre ne me faifoit voir en méme temps qu'elle-méme eft le tombeau de l'idolatrie. Mais à quoy feruent tous ces difcours pour fouftenir que vous n'aués point de pareil ? fi la moindre de vos actions porte

auec elle, & son modelle, & son exemple:ne nous suf-
fit-il pas encore de sçauoir que si la Sagesse auoit vn
prix icybas ausi bien que la Beauté,il faudroit neces-
sairement que vous en fussiés & le Iuge, & le Conquerant! Ie dy le Iuge,comme seul capable de vous con-
noistre: ie dy le Conquerant , comme seul digne de
l'em-porter. De sorte, MONSEIGNEVR ,que vous
voyant éleué au dessus de toutes les loüanges , & sçachant qu'il n'appartient qu'à vous de les distribuer justement , & au merite & à la vertu, faites-vous
justice vous-méme quand il vous plaira , puis que cet
Oracle de la voix publique presche incessamment par
tout l'vniuers que vous estes le plus pieux , le plus sage, le plus iuste , le plus genereux , le plus magnifique,
& le plus clement de toute la terre : de méme que je
suis selon la verité de mes sentimens,

MONSEIGNEVR,

Le plus humble,le plus obeïssant,& le plus
fidelle de tous vos seruiteurs,
PVGET DE LASERRE.

LE PORTRAIT
DE SCIPION
L'AFRICAIN:
OV L'IMAGE
DE LA GLOIRE
ET DE LA VERTV.

L E Pere de Scipion l'Africain, de la fameuſe race des Corneliens, fut le premier Capitaine Romain qui s'opoſa aux deſſeins d'Hannibal, lors qu'il étoit déja entré victorieux dans l'Italie. Sa vie & ſa mort furent également admirables ; puis qu'apres auoir remporté en Eſpagne beaucoup de victoires, & eterniſé ſon nom en mille autres lieux, par autant de glorieuſes actions, il fut tué dans vne bataille : mais en mourant il reçeut cette derniere ſatisfaction, d'auoir autant de témoins de ſon courage, qu'il auoit vaincu d'ennemis. Quelques jours apres, ſon frere Cornelius Scipion ayant acquis vne pareille renommée, encourut vn méme ſort : Et à n'en mentir point, ces deux grands Capitaines laiſſerent apres eux vne memoire ſi precieuſe, non ſeulement de leur valeur dans les combats, mais encore de mille autres vertus en l'exercice des plus grandes charges, que leurs Noms eſtoient auſſi celebres aux païs eſtranges que parmy les Romains.

Cornelius Scipion eut vn fils qu'on appelloit Cornélius Naſica, qui fut digne du Conſulat & de l'honneur du Triomphe ; méme

Les Grands Perſonnages ont beau vieillir, ils ne meurent jameis : ayant cela de propre au deſſus du cõmun d'eſtre exẽpté de la ſepulture.

choifi de l'Oracle, comme le plus jufte de tous , pour receuoir la
Mere Idæa. Publius Scipion fon frere eut deux fils ; l'vn furnommé
Afiatique, pour auoir fubjugué l'Afie ; & l'autre l'Africain , pour
auoir conquis l'Afrique en cette fameufe bataille qu'il gaigna contre Hannibal & les Carthaginois.   Ses faits nonpareils , & tous
dignes d'vne memoire eternelle , ont defia veu le jour fous differentes langues, pour animer les Grands Monarques à deuenir plus
Grands encore en les imitant. Mais comme l'on ne fe peut laffer
de lire vne vie toute pleine de merueilles , celle-cy qui n'a rien de
commun , ne fçauroit vous ennuyer.

La gloire de nos Ancêtres eft vn bien qui nous appar-tient en pro-pre , quand nous les imi-tons.

Scipion l'Africain inftruit & éleué fous la conduite de fon Pere,
fit bien toft voir par fes belles actions qu'il auoit eu vn bon exemple. Son enfance fut de fi courte durée, qu'à peine fa Nourrice en
pût conter les jours ; & ceux de fon adolefcence s'écoulerent encore
fi vite, que fes compagnons de jûneffe, le mecognoiffant à toute
heure à force de raifonnement , étoient contraints à luy fauffer
compagnie pour fe diuertir en des entretiens moins ferieux. Dés
l'âge de dix-fept ans il fut mené au Camp durant la feconde guerre
Punique ; où en diuerfes rencontres il acquit tant d'honneur, que
fon Pere méme l'en eut loüé hautement, s'il eut eu bonne grace
à luy donner des loüanges. Il étoit adroit en toutes chofes, d'vne
forte complexion dans les trauaux ; & comme fon efprit pareffoit de
méme trempe que fon courage, fi l'vn luy fourniffoit de hautes penfées, l'autre luy facilitoit les moyens de les executer. On dit qu'en
la bataille des gens de cheual que donna Publius Cornelius Conful,
aupres de la riuiere de Tefin à Hannibal , Scipion y fut prefent ; &
que fon Pere bleffé eut couru hazard d'eftre pris fans fon affiftance
particuliere, l'ayant fecouru fort à propos ; mais auec plus de valeur
toutefois que de fortune.

Qui s'étudie de bonne heu-re à fuiure la Vertu, peut eftre fage & jûne tout à la fois.

Que ne fit-il pas en fuite dans la bataille de Cannes, où l'Empire
Romain fut menacé de ruïne , lors que les dix mil hommes qui s'é-
toient retirez à Canufium le choifirent pour compagnon d'Appius
Pulcher, à qui ils auoient donné le gouuernement de l'Armée?
A méme temps qu'il fçeut qu'vne troupe de jûnes gens auoient
deffein d'abandonner l'Italie, il fe jetta au milieu d'eux l'efpée à la
main , & fe feruant à propos de fon eloquence , après auoir fait parétre fon courage , il leur fit changer de refolution, & préter nouueau ferment de fidelité : témoignant de la forte par le mépris de fa
vie , & par la force de fes raifons, qu'il ne cherchoit fon falut que
dans celuy de la Republique.

Les belles actions tien-nent quelque chofe de l'im-mortalité de l'ame qui les produit.

Ces glorieuses actions produites en vn âge qui deuançoit leur saison, comme étant aussi judicieuses que considerables, le mirent en si grande estime parmy le peuple, qu'il luy offrit les plus grands emplois : & mémes ayant témoigné de pretendre à la charge d'Ædile, au prejudice des Loix, qui le deffendoient à sa jûnesse, il l'emporta d'vne commune voix, & fit voir à méme temps qu'il possedoit des qualités, dont la moindre l'éleuoit au dessus de toutes celles qu'on luy pouuoit donner pour accroiftre sa fortune.

Apres la mort de son Pere & de son Oncle, tous deux tuez aux guerres d'Espagne, le peuple Romain se treuuant en peine d'élire vn Capitaine qui pût succeder dignement à la Renommée de ces deux grands Personnages dans vn employ de telle importance, les plus ambitieux d'honneur n'oserent jamais pretendre à cette charge ; considerant la grandeur du peril par la grandeur du merite de ceux qui n'en auoient peu éuiter le dommage. Mais en cette extremité, Scipion s'offrit seul genereusement au public, comme vne victime, auec resolution de courre la méme fortune que ses Ancétres, ayant vn pareil employ ; ou de venger leur mort, pour s'en exempter, ayant vn semblable courage. Ce qui fut pris de si bonne part de tout le monde ensemble, que d'vn commun consentement la charge de Vice-Consul en Espagne luy fut donnée. Toutefois les Senateurs considerant sa jûnesse, l'experience & la reputation des Capitaines, qu'il auoit à combatre, tindrent leur jugement en suspens, auant qu'authoriser ce decret ; & à leur exemple chacun se treuuoit déja disposé à changer de volonté. Voicy la harangue qu'il fit pour les confirmer dans la premiere opinion qu'ils auoient prise.

HARANGVE DE SCIPION
dans le Senat.

SOVVERAINS PROTECTEVRS ET PERES TRES-CHERS DE LA REPVBLIQVE, *Voftre étonnement me rendroit confus, & voftre silence muet, dans le repentir, où il semble que vous étes, de m'auoir honoré de la charge de Vice-Consul en Espagne ; si les Dieux, qui vous en ont inspiré le dessein, ne me donnoient à méme temps la hardiesse de vous asseurer que mes armes seront victorieuses. Il est vray que ie suis fort jûne mais à mon âge Alexandre auoit gaigné plus de batailles qu'Hannibal* n'a eu dessein d'en donner. I'ay fort peu d'experience, ie le confesse ; mais comme en cela la Nature peut deuancer le Temps, & que d'ailleurs la Fortune & le courage sont les seuls maistres d'echole qui aprenent l'art, & de vaincre & de triompher ; ie dois tout esperer, & vous ne deuez rien craindre. Ie sçay bien encore trop sensiblement que mon Pere & mon Oncle, de precieuse memoire, comme immolez pour le salut de la Republique, ont eu à la fin autant de mal-heur, que de prudence en leurs dernieres entreprises ; mais leur disgrace ne conclud pas à vous persuader que ie seray mal-heureux. Que sçauez-vous si leur sang n'est pas vne semence de felicité, dont ie dois bien tost cueillir le fruit par mes armes ? Ils sont morts, mais le bruit de leur défaite m'appele au Triomphe. Ils ont fait naufrage dans la méme mer où ie m'embarque aujourd'huy ; mais mon destin estant different du leur, ie dois treuuer mon port dans leur écueil, & éleuer les Trophées de ma Patrie sur les ruines de ces deux fideles Citoyens. Qui peut faire sortir du tombeau la gloire de ces deux Scipions, qu'eux mémes ? & comme i'en suis le portrait viuant, leurs cendres couuent le feu dont vous me voyez animé pour embrazer Carthage. Tellement que mon Pere & mon Oncle recommençant de nouueau leur carriere, dans celle de ma vie, combatront auec moy ; estans si presens à mon courage, que ie forceray nos ennemis à douter de leur trépas. Et apres tout, la voix de leurs Manes troublant sans cesse mon repos, il faut que ie sacrifie au leur tous les Carthaginois ensemble : Et ie vous en promets la défaite, puis que les Dieux sont justes.

L'experience quelque sage qu'elle soit, n'est pas toujours heureuse.

On ne sçauroit jamais estre trop hardi, où il y va de l'interest de nostre gloire.

Délors que Scipion eut ouuert la bouche pour plaider sa propre cause, son eloquence vainquit de plus puissans ennemis dans le Senat, que sa valeur n'en pouuoit défaire dans les Armées : De sorte qu'en luy donnant vne seconde fois la charge de Capitaine, on douta plûtost de son bon-heur que de sa sagesse. A n'en mentir point il auoit des qualités qui l'éleuoient sur le commun, & qui le rendoient sans pareil, méme parmy ses compagnons : Car tous ceux qui étoient de sa volée n'auoient pas l'appuy de sa vertu pour acquerir vne semblable reputation ; & moins encore la beauté & les graces dont la nature auoit orné son corps pour se faire aymer sans resistance. Ce qui obligeoit le peuple à l'estimer si particulierement, que les loüanges qu'on luy donnoit n'étoient propres qu'à sa seule personne. Et en effet, comme la moindre de ses vertus étoit aussi grande que son courage ; en vn méme temps il se faisoit aymer de ses Citoyens, craindre de ses ennemis, & admirer de tous les peuples estranges. Aussi disoit-on de luy qu'il auoit esté

L'eloquence se fait admirer, à l'égal que la valeur se fait craindre ; & si celle-cy fait des esclaues, l'autre a le pouuoir d'en rendre la seruitude eternelle.

instruit

Inſtruit en l'échole des Dieux, ayant remarqué cette coûtume qu'il pratiquoit ſouuent apres qu'il eut pris la robe virile, de monter tous les matins au Capitole, & entrer ſeul au Temple pour y faire en ſecret ſes Sacrifices : d'où procedoit cette commune opinion qu'il aprenoit des ſciences occultes & pleines de myſteres, de même que Numa Pompilius, qui ſelon les ſentimens du peuple auoit eſté inſtruit par la Nymphe Ægeria. Et comme en cela ſes actions toutes d'exemple le perſuadoient continuellement aux plus incredules ; eux mêmes à la fin, à force d'admiration, joignoient leurs voix à celle du peuple, ne pouuant démentir vne creance ſi commune qui paſſoit pour verité. Alons plus auant.

Les grands Perſonnages ont des genies extraordinaires, qui les éleuent ſi haut au deſſus du commun, qu'ils paſſent pour demy Dieux dans la croyance du peuple.

Scipion partit d'Italie accompagné d'vne Armée de dix mil hommes de pied, & fit voile en Eſpagne auec vne flote de trente galeres, toutes à cinq rames pour banc. Il prit terre à Emporia, & s'en alla auec ſon Armée juſques à Tarraconne, où ayant fait aſſembler les principaux du païs ſur le ſujet de ſon voyage, il y reçeut honorablement les Ambaſſadeurs, & leur donna vne audiance ſi fauorable, que tous s'en retournerent fort ſatisfaits.

Il jugea en ſuite qu'il étoit à propos de joindre à ſon Armée le reſte des vieilles bandes qui ſe treuuoient encore ſur pied, par la bonne conduite de L. Martius : Car la mort de ſon Pere & de ſon Oncle ayant reduit les affaires d'Eſpagne juſques à l'extremité, & cauſé la déroute des legions Romaines, ce Cheualier Romain auoit ralié le demurant des deux Armées défaites ; & ſi heureuſement, qu'auec leur force & ſon induſtrie, il auoit continué de faire la guerre juſques à priuer les vainqueurs de l'honneur du Triomphe. Tellement que Scipion fit faire montre à cette Armée ; mais en loüant les ſoldats de leur affection enuers la Republique, il ſe rendit ſi loüable enuers eux mémes, qu'il leur gaigna le cœur auant qu'ils euſſent moyen de le luy offrir. Certes ils ne pouuoient ſe laſſer de l'admirer, tant ſa bonne mine, jointe à la gloire de ſon nom ſi celebre, auoit d'apas pour les charmer.

Les loüanges ſont de ſi beaux preſens, que perſonne ne les refuſe.

Il careſſa auſſi extremement en particulier L. Martius, & luy fit de grands honneurs, comme à vne perſonne dont la vertu ſe pouuoit égaler aux importans ſeruices qu'il auoit rendus à la Republique. Délors que l'Hyuer fut paſſé, il tira ſon Armée hors des garniſons, auec deſſein d'aller aſſieger Carthage la Neuue, comme vne ville la plus riche d'Eſpagne, & qui luy eſtoit fort neceſſaire pour faire la guerre à ſes ennemis, & par terre & par mer. D'ailleurs, il étoit informé que les Capitaines Carthaginois auoient laiſſé en garde toutes leurs richeſſes dans cette ville là, comme bien munie; & que mémes ils s'étoient écartez en diuerſes contrées, afin que le païs en fut moins ruïné : ne pouuant s'imaginer apres tant de victoires, que Scipion eut la hardieſſe de l'aſſieger.

Ils ſçeurent bien toſt pourtant qu'elle étoit aſſiegée de tous coſtés, & que le Capitaine qui étoit deuant n'auoit pas ſeulement la hardieſſe de l'ataquer, mais encore la reſolution de la prendre. Il eſt vray que de cette entrepriſe le ſuccés en pareſſoit d'abord impoſſible, ou du moins extremement penible & de longue durée; tant pour la force de la ville en ſon aſſiete & en ſes murailles, que pour le nouuel apuy du grand nombre de ſoldats dont elle étoit peuplée. Mais comme il n'eſt point de place aujourd'huy, quelque forte qu'elle ſoit, qui ſe puiſſe dire imprenable; que la guerre a ſes ſtratagemes, de mémes que ſes ſoldats; & que d'ordinaire dans les plus grands deſ-ſeins l'induſtrie paracheue les ouurages que la valeur a commencés. Scipion ſe ſeruit ſi heureuſement en cette rencontre là, & de l'vn & de l'autre; ie veux dire de ſon courage pour entreprendre vn ſiege ſi important, & de ſon eſprit pour y reüſſir ſelon ſon attente : qu'ayant pris garde que l'étang qui ſeruoit de foſſé d'vn coſté aux murailles de la ville étoit gayable en baſſe marée, il reſolut de la faire eſca-lader par cét endroit là, pour s'en rendre bien toſt le Maiſtre.

Le iour deſtiné à cette entrepriſe n'eut pas plútoſt fait ſonner l'heu-re, qu'il fit donner diuers aſſauts de pluſieurs cotés à la ville auec plus d'effort qu'on n'auoit acoutumé, afin d'accroître l'alarme; & à méme temps commanda à ceux qu'il auoit choiſis pour l'execution, de paſſer l'étang, & d'écheller de ce coſté là les murailles de la ville qui étoient ſans deffence. Ce qu'ils executerent ſi promptement & auec tant de valeur, qu'apres étre entrés dedans, & ſacrifié la plus grande partie des ennemis à leur premiere fureur, ils s'en rendirent les maiſtres, & ouurirent les portes au vainqueur.

Mais certes il y entra auec autant de reſpet, que ſi ç'eut été dans le Capitole; ſon courage aſſouui de l'objet d'vne ſi belle conquéte, moderoit tellement toutes ſes paſſions; qu'il n'en auoit plus que pour exercer ſa clemence. Ce qui rendoit le ſort des vaincus, quoy que funeſte, beaucoup ſuportable; puis que dans l'excez de leurs miſeres & dans le comble de leurs malheurs, ils treuuoient ſans y penſer, cette derniere conſolation, de ſe pouuoir plaindre auec liberté, & at-tendre auec raiſon quelque ſoulagement en leurs ſouffrances. Il eſt vray que la vie pareſſoit vn peſant fardeau à ceux qui n'auoient plus rien à perdre qu'elle ſeule; mais dans l'extremité où le deſeſpoir

les reduifoit, c'étoit toufiours vne grace de leur faire efperer quelque changement en leur mauuaife fortune, apres en auoir borné
le cours.

Les richeffes qu'on treuua dans cette fuperbe ville étoient fans
prix, pour eftre fans nombre : outre les munitions de guerre qu'on
eftimoit encore beaucoup plus, comme exemptes du pillage des foldats, dont Scipion loüa publiquement & la valeur & le courage.
Mais lors qu'il falut donner la couronne murale à celuy qui le premier auoit échelé les rempars de la ville, la difpute en parût fi grande entre deux foldats, que toute l'armée fut fur le point de fe diui-
fer en deux partis dans vn combat defia affigné. A quoy Scipion
toutefois mit ordre fort à propos, declarant en faueur des pretendans, que l'vn & l'autre meritoient vne couronne, comme étant
affeuré que tous deux à la fois étoient montez les premiers fur la
muraille. De forte qu'apres les auoir recompenfez également, il termina cette querelle, où il fe treuuoit beaucoup intereffé par le dommage qu'il en pouuoit encourir.

En fuite de toutes ces actions de Prudence, il en fit vn grand
nombre de Generofité, renuoyant en diuerfes Villes d'Efpagne tous
les ótages qu'il auoit treuuez dans Carthage. Ce qui luy fit gaigner
de nouueau tant de cœurs, & acquerir tant de loüanges, que plufieurs
nations quitterent le party des Carthaginois, & fe remirent fous la
protection des Romains. Mais pour comble d'honneur apres auoir
vaincu fes ennemis, il voulut triompher de foy-même, faifant éri-
ger vn Autel de refuge, confacré à la Chafteté pour la conferuation
de celle des Dames. Et certes toutes enfemble y treuuerent vn abry
& vn port d'affeurance, durant l'orage & la tempefte que la fureur
des foldats vainqueurs auoient excité. Il refufa encore de voir feulement vne jûne Princeffe des plus belles du monde qu'on luy ame-
noit prifonniere, la renuoyant à Allucius Prince des Celtiberiens
fon fiancé, auec de riches prefens. Action fi celebre à tous les fiecles,
que la memoire n'en mourra jamais.

On remarque d'Alexandre, que fa curiofité mit en hafard fa continence, lors qu'il eut enuie de voir la femme de Darius, comme la
plus belle Reyne de l'Orient. Ce n'eft pas qu'il ne reuint victorieux
de cette attaque ; mais il faut auoüer que fon triomphe étoit dû à fon
bon-heur, plutoft qu'à fa prudence ; puis qu'il voulut tenter vn peril dont le dommage fembloit ineuitable. Scipion plus fage dans fa
preuoyance, & plus moderé dans fes paffions, ne voulut point hazarder ce qu'il ne pouuoit perdre qu'vne fois : il fe fouuenoit qu'il

c'est le propre des cœurs ge-nereux de foû-pirer de com-paffion à l'ob-jet d'vne ame affligée.

L'honneur à beau vendre cherement fes couronnes, il fe treuue tous les jours des marchands pour les ache-ter.

La gloire du triomphe n'eft deuë juftemét qu'à celuy qui fçait bien vfer de fa victoi-re.

Il ne faut point être cu-rieux de voir vn ennemy qui de fa feu-le veuë nous peut nuire.

étoit homme : & ce souuenir le rendoit tousiours si timide en cette
sorte de rencontres, qu'en tombant en imagination à force de crainte, il ne tomboit jamais en effet à force de jugement. L'amour sur-
prend les plus sages en tout temps, & en tous lieux, s'ils se relâchent
tant soit peu de leur vigilance ordinaire : & ceux qui presument plus
d'eux mémes à luy resister, sont souuent les plus foibles dans les ataques. Que si Alexandre r'emporta beaucoup de gloire pour auoir vû
insensiblement cette belle Reyne : Scipion acquit encore mille fois
plus d'honneur pour n'auoir voulu tenter le peril de cette sorte de
veuë ; en l'admiration de cette jûne Princesse ; puis que ses apas pouuoient mettre en doute la victoire, que ce grand Capitaine voulut
emporter sur ses passions. Ie reuiens à vous.

Ce jûne Prince des Celtiberiens fut tellement sensible à cette faueur, qu'apres l'auoir publiée hautement en mille lieux, pour faire
conoître tout à la fois, & l'excés de son bon-heur, & celuy d'vne
vertu si heroïque ; il vint treuuer Scipion quelque temps apres dans
son camp auec vne grande troupe de caualerie : preferant l'honneur
de luy obeïr, à celuy de commander à toute la terre.

Les belles actions sont de mesme nature que les pierres precieu-
ses ; les vnes & les autres portent inseparablement auec elles, & leur
prix, & leur éclat. C'ét vn baume tout diuin, dont l'odeur dure
eternellement par la memoire qui nous en reste. Il n'est rien de
plus doux que le souuenir d'vne genereuse action ; c'est vn charme
continuel de plaisir qui nous rauit l'esprit auec tous les apas & de
l'honneur, & de la joye. D'où vient aussi que les hommes éleués
au dessus du commun par leur naissance, ou par leur fortune, s'étu-
dient incessamment à s'éleuer encore plus haut par la seule force de leur
vertu ; comme s'ils étoient honteux que la Nature & le Hazard con-
tribuassent quelque chose à l'établissement de leur reputation. Ie
m'égare souuent.

Les nouuelles de la prise de Carthage étonnerent si fort ces trois
Capitaines qui en auoient eu le gouuernement, Mago, Asdubral
Barcinien & Asdrubral fils de Gisgo, tant pour l'interest de leur reputation, que pour le jugement qu'on pourroit faire de l'issuë de cette guerre ; que d'abord ils s'efforcerent d'en étoufer le bruit, &
voyant leurs efforts inutiles, d'en mépriser en suite le dommage.

Scipion d'vn autre côté qui ne perdoit pas temps, apres auoir
renforcé son armée de diuerses nations qui s'étoient de nouueau
rengées sous son party, & de beaucoup de Princes d'Espagne qu'il
auoit assujetis en leur laissant la liberté, au nombre desquels étoient

deux

deux Roys, Mandonius & Indibilis. Il fit marcher ses gens à la rencontre d'Asdrubal Barcinien, à dessein de le combatre deuant qu'il se joignit auec ses compagnons. Ce n'est pas qu'Asdrubal ne desirat aussi auec passion d'en venir aux mains; mais toutefois au bruit des aproches de Scipion, il fit camper de nouueau son armée sur vne montagne prochaine, dont l'assiete auantageuse luy seruoit de nouueau rempart, aymant mieux, en cette occasion suiure le conseil de sa Prudence, que celuy de sa Valeur.

Les Romains cependant qui s'auançoient tousiours, s'aprocherent à la fin si fort des ennemis, qu'apres les auoir assiegez de tous cotez, ils resolurent de les forcer dans leur Camp, quelque penible & hasardeuse qu'en fut l'entreprise, puis que l'vtilité & la gloire seruoient également d'objet à leur resolution. Voicy la Harangue que Scipion fit à ses soldats.

❀❀❀❀❀❀❀❀❀❀❀❀❀❀❀❀❀❀❀❀❀❀❀

HARANGVE
de Scipion.

QVE nous sommes heureux de nous voir aujourd'huy à la veille d'vne victoire glorieuse, ou d'vne mort semblable, par la resolution que nous deuons prendre de vaincre, ou de mourir. Et quoy que la Fortune en ordonne, cet auantage nous demeurera tousiours, d'auoir plutost manqué de vie, que de valeur. Ie sçay bien que vos ames, vrayment genereuses, se sont dépouïllées de toutes leurs passions, deslors qu'elles ont chargé la cuirasse pour ne respirer que la ruine de nos ennemis, dont le Camp éleué sur vne montagne, seruira de Teatre à leur lâcheté, comme vn nouueau témoin de leur foiblesse, plutost que de leur force; puis qu'ils la cherchent dans la commodité du lieu, ne pouuant la treuuer dans la timidité de leurs courages. I'aurois mauuaise grace de vous animer au combat par mes discours, dans la necessité où vous estes reduits de deffendre vos vies par vos armes. Il me suffit de vous representer, non pas les tresors que la victoire vous promet pour vous enrichir, sçachant que vostre ambition n'est pas mercenaire; mais plutost les lauriers qu'elle vous prepare pour vous en faire des couronnes, puis que l'honneur est vostre seul element. Souuenez-vous que les murailles de Carthage ont esté échelées par vostre valeur, & que de la sorte elle seule aujourd'huy doit franchir les limites de ces rempars, pour s'en faire autant de Trônes. Que si vous apréhendez les blesseures ou la mort, considerez à même temps, que les playes d'vn soldat sont les seules preuues du merite qui le fait Capitaine;

C

& que la guerre n'a point de mort à donner qui ne triomphe du tombeau. Et pour vous témoigner que la victoire, ou le trepas sont les seuls objets de mon ambition, vous me verrez le premier dans les perils, & le dernier dans la retraite: afin que mon exemple vous serue de flambeau pour vous montrer le chemin du Triomphe, ou celuy de la Sepulture.

Cette harangue animée également, & de la voix, & de la majesté de ce grand Capitaine, disposa de nouueau les soldats à faire des merueilles, par les signes qu'ils en donnerent au bruit de leurs aclamations publiques: & des aparances venant aux effets, ils firent voir ceux de leur valeur indomtable.

Les Carthaginois d'ailleurs contrains à deffendre, & leur honneur, & leur vie, remplissoient d'abord peu à peu les fossez de leurs rempars des corps des Romains: Mais eux mémes aussi s'en seruant à méme temps pour écheler leurs tranchées, la mort de leurs compagnons leur donnoit le moyen de la venger. Ce qui metoit toujours en doute l'issuë du combat, ne pouuant juger pour quel des deux partis la Fortune preparoit le Triomphe.

Scipion & Asdrubal cependant agissoient également chacun de son côté, & d'esprit & de courage: d'esprit en donnant les ordres; & de courage en les executant eux mesmes à la moindre interualle qui se trouuoit dans l'obeïssance de leurs commandemens. L'objet de la mort se rendoit aussi sensible, que l'air qu'on y respiroit: car mille coups funestes paroissant aux yeux comme des éclairs, donnoient aux cœurs autant d'attaintes de foudre, dont on ne guerissoit jamais. De sorte qu'vn continuel spectacle d'horreur tenoit toujours le jugement en suspens, ne pouuant se determiner pour la victoire en faueur ny des vns ny des autres. Scipion pourtant honteux d'vne si longue resistance, où sa reputation sembloit être interessée en qualité d'assaillant; & lassé de faire si long temps le Capitaine, s'abandonna si heureusement en simple soldat dans les plus grands perils, que le seul exemple de sa valeur luy fraya le chemin de la victoire; apres étre entré le premier dans le camp des ennemis, dont l'effroy & la fuite preparoient déja son Triomphe. Il s'en rendit donc le maistre absolument, sans treuuer d'autres obstacles, que ceux que la compassion luy oposoit en foule, le forçant de pardonner à tous ceux qui se soûmetoient à sa mercy. De sorte que l'excez de sa clemence seruant de moderation à sa colere, pour donner grace à tous ceux qui la luy demandoient; il faisoit sans y penser d'vne armée défaite d'ennemis, vne nouuelle d'amis.

Aſdrubal qui auoit preueu ſa déroute de bonne heure auec quelques vns de ſes plus familiers, ne conſideroit pas qu'en fuyant de la
ſorte toutes les nations étrangeres acourroient au deuant du vainqueur. En effet cette victoire fut ſi auantageuſe à Scipion, qu'en
ſa faueur la plus grande partie des Prouinces ennemies ſe diſpoſerent
à la reuolte, pour ſecoüer le joug des Carthaginois.

D'abord apres auoir donné la liberté à tous les Eſpagnols qu'on
auoit pris, ſans leur faire payer aucune rançon, il fit vendre les Afri-
cains à l'encant. Et comme il fut treuué entre les priſonniers vn jûne
Prince de ſang Royal, neueu de Maſſiniſſa, il le careſſa grandement,
& ne ſe contenta pas de luy faire recouurer la liberté, il le voulut encore charger de riches preſens, afin qu'il reconut ſa liberalité, ne
pouuant plus douter de ſa clemence.

Certes on doit auoüer, que la valeur & la ſageſſe ne ſont pas ſeules
vn grand Capitaine, & qu'il faut de neceſſité que la liberalité & la
clemence trauaillent enſemble à l'établiſſement de ſa reputation. Ce
qu'on peut voir aujourd'huy dans l'exemple de Scipion, comme vn
modele des plus parfaits Capitaines qui furent jamais. S'il étoit ſage
& vaillant, il n'étoit pas moins libetal & magnanime : De ſorte qu'a-
pres auoir vaincu ſes ennemis à force de prudence & de courage, il ſe
rendoit ſi propre l'honneur de cette victoire par ſa clemence, & par
ſa liberalité, que ſes ennemis mémes étoient honteux de le luy rauir.
D'où vient qu'vn grand nombre d'Eſpagnols qui auoient été ſes
admirateurs, comme témoins de ſes belles actions, le ſalüerent du
nom de *Coy*, qui étoit vn titre de Souueraine Puiſſance ; pour luy
faire conoître l'abſoluë qu'il s'étoit acquiſe ſur leurs volontés. Mais
la méme vertu qu'ils admiroient en luy, leur impoſa ſilence ; ne pouuant ſouffrir qu'ils ſe preualuſſent de ſa fortune, au preiudice de ſon
deuoir. De ſorte qu'il leur témoigna en ſuite, qu'il ne ſouhaitoit d'eux
d'autre recognoiſſance, que celle de garder inuiolablement la fidelité qu'ils prometoient à la Republique.

Mais tandis qu'il joüiſſoit des fruits de ſa victoire, les deux autres
Capitaines Carthaginois, trop informez de la défaite d'Aſdrubal, leur
compaignon, ſe vindrent joindre auec toutes leurs forces au reſte de
l'armée, qu'il auoit ramaſſée apres le combat. Ils s'entretindrent
long temps à diuerſes fois en cette entreueuë, pour donner ordre à
leurs affaires; & reſolurent à la fin qu'Aſdrubal Barcinien iroit joindre ſon frere Hannibal en Italie, ou étoit tout l'effort de la guerre; &
que Mago & l'autre Aſdrubal demeureroient en Eſpagne, en attendant vn nouueau ſecours de Carthage: auec reſolution toutefois de

ne combatre point contre les Romains auant qu'ils l'eussent receu.

Asdrubal ne se fût pas plutost retiré en Italie, qu'vn nommé Hanno grand Capitaine fut enuoyé de Carthage pour occuper sa place : & comme il tâchoit en passant de faire reuolter la Celtiberie, L. Silbanus le vint assaillir par le commandement de Scipion, mais auec tant de bon-heur, qu'il le défit en bataille rangée, & l'ammena prisonier.

L. Scipion eut aussi commandement quelque temps apres d'aler auec vne partie de l'Armée prendre Oringe, ville fort riche & tres-importante au succez de cette guerre. Mais jugeant qu'elle étoit trop forte pour étre emportée au premier assaut, il l'assiégea tout-à-fait, & en peu de temps s'en rendit Maistre, & la pilla, sans auoir perdu en cette conquéte que quatre vingts soldats.

Apres tous ces grans auantages, qui faisoient esperer aux Romains vne derniere victoire, les aprochés de l'Hyuer obligerent également & les vns & les autres, à mettre leur Armée en garnison. Scipion se retira dans Tarraconne; & Mago & Asdrubal & son compagnon du côté de la mer.

La fin du Printemps de l'année suyuante fut le commencement d'vne nouuelle guerre, plus cruelle que jamais. Les Romains & les Carthaginois apres s'étre cherchez quelque temps, pour en venir de la rencontre à la bataille, se virent à la fin en presence, aupres de Besula; où l'ataque & le combat des deux Armées furent de longue durée, & d'abord d'vn pareil dommage. Mais Scipion, de qui la fortune acompagnoit tousiours la valeur, persuada si fort les soldats par la seule eloquence de ses faits dignes d'admiration, à vaincre promptement, ou à mourir de bonne grace; qu'en le suyuant dans les perils d'vn courage nonpareil, ils se treuuerent bien tost tous ensemble dans le champ de la victoire, n'ayant plus à courre qu'apres le reste des ennemis.

Scipion tout chargé d'honneur & de gloire, comme tout couuert de poussiere & de sang, ne pût jamais se lasser en cette course; sçachant que mille couronnes en étoient le prix. Sa valeur le porta si auant qu'il força Mago & Asdrubal d'abandonner la terre ferme, & se sauuer par mer dans Gades, ville maritime, auec les honteuses reliques de leur Armée.

Ce fut en ce temps là qu'vn nommé Massinissa, homme d'esprit & de courage, qui tenoit le parti des Carthaginois, prit l'occasion de parler secretement à Syllanus familier de Scipion, à dessein d'en gaigner l'amitié; jugeant qu'il étoit à propos de changer de maistre

& de-

& demander la protection des Romains, comme victorieux. C'est ce méme Massinissa, qui dépuis par leur faueur fut vn des plus puis-sans Roys de Numidie, & fort vtile aussi à leur Republique, par les importans seruices qu'il leur rendit.

Scipion tousiours ambitieux d'honneur, respirant apres d'autres conquestes, ne songeoit plus desia à celles qu'il venoit de faire; com-me s'il n'eut pû moderer l'ardeur de son courage, qu'en cueillant tous les jours de nouueaux lauriers. L'Afrique étoit vne des plus petites bornes de son ambition; & desia il faisoit les preparatifs de son Triom-phe dans son esprit, comme si ç'eut été, quelque simple matiere, qu'il eut disposée à receuoir sa derniere forme. Son premier dessein fut d'ac-querir l'amitié de Syphax Roy des Masæsyliens, & le treuuant d'abord porté à desirer l'aliance des Romains, il crût que sa presence feroit le reste. De sorte qu'il se resolut au voyage d'Afrique, & fit voile auec deux galeres à cinq rames pour banc.

Les grands courages ne peuuent ja-mais s'assouuir d'honneur.

En ce méme temps Asdrubal fils de Gisgo estant parti de Gades pour aller aussi en Afrique à dessein de contracter aliance auec ce mé-me Roy des Masæsyliens; Ces deux vaillans Capitaines se rencontre-rent, sans y penser, dans vne méme carriere de Fortune; y courant chacun à l'enuy, à qui emporteroit le prix. Ie veux dire que ces deux grands Personnages, chacun Ambassadeur de sa Republique, s'étans treuuez dans la Cour du Roy Syphax à méme dessein de gagner son amitié, comme tres-importante, employerent également tous les efforts de leur esprit pour reüssir en cette entreprise.

Si la pru-dence n'est pas la Reyne des vertus, il faut auoüer qu'elle peut porter vne double couronne.

Leur hoste cependant, qui se sentoit fort honoré de leur visite, auoit donné ordre qu'on les traitat également, & auec vne pareille magnificence, les faisant mémes manger ensemble, & coucher tous deux en vne chambre; afin que tous deux fussent témoins égale-ment des honneurs reciproques qu'on leur rendoit. Et ce fût en cet-te rencontre qu'Asdrubal ayant l'occasion de s'entretenir auec Sci-pion sur diuers sujets, durant le temps de leur Ambassade; preueut la perte de l'Afrique & la ruïne particuliere de sa Republique au seul discours de ce nouueau vainqueur: remarquant tant de viua-cité en son esprit, tant de force en son jugement, & vn si grand poix en toutes ses paroles, qu'auec les asseurances trop sensibles qu'il auoit de sa valeur, ses autres qualités le forçoient de croire, qu'il seroit tousiours Inuincible, & conséquamment ennemy de la paix.

Les vaillans hommes font tousiours la guerre à la paix.

D'ailleurs il aprehandoit que le Roy Syphax ne se rendit à la fin aussi sçauant que luy à conoitre le merite de Scipion; & que de la

D

forte il ne perdit fa caufe, auant qu'auoir acheué de la plaider : Ce
qui arriua bien-toft apres, comme vous verrés par la fuite.

Syphax, qui ne confideroit jamais en toutes chofes que fes interets, étoit bien aife du commancement de procurer la paix entre
ces deux grandes Republiques, afin qu'en qualité d'arbitre il y pût
L'intereft eft
l'ame de tou-
tes nos actions. treuuer fon conte, en y établiffant de nouueau fon repos. Mais apres
auoir taté le pouls à Scipion, & conu fa maladie, qui ne procedoit
que d'ardeur de courage; s'excufant de parler de paix fans l'ordre du
Senat, il fe declara publiquement en fa faueur, & recût l'aliancé
des Romains; dequoy Afdrubal fut fi en colere, qu'il partit fans
luy dire adieu.

Scipion s'en retournant toufiours victorieux de cette guerre d'induftrie, où fon efprit plutoft que fa fortune, luy auoit donné l'auantage fur fon Riual; prit de force à fon arriuée en Efpagne, par le
moyen de L. Martius Hiturgium, Caftulo, & quelques autres places d'affez grande importance, qui refufoient de fe foûmetre à l'o-
beïffance du peuple Romain. Leurs cendres feules furent capables
d'éteindre le feu de la colere du vainqueur.

Mais pour témoigner à fes ennemis qu'il n'étoit plus en état de les
craindre, il voulut jouïr au milieu de la guerre des delices de la paix;
faifant celebrer auec toute forte de magnificence dans Carthage,
la Fefte des jeux d'efcrime, où fe treuuerent vn monde de peuple,
& beaucoup de grands Perfonnages, tous pretendans au prix. Par-
Ie m'étonne
que la Nature
qui la pre-
miere, nous
aprend à ay-
mer, fouffre
la haine entre
deux cœurs
qu'elle a for-
mez de fes
mains pro-
pres. my les Efpagnols de remarque, il y en eut deux apellez Corbis &
Orfus freres, qui eftant en difpute de la Royauté, hazarderent en ce
jeu-là la conquéte de leur couronne : Et en effet, la mort de l'vn
donna le fceptre à l'autre. Mais veritablement ce combat fut def-
agreable aux fpectateurs : & d'autant plus encore que la fin s'en
treuua funefte, obligeant méme le vainqueur par vn fentiment de
nature & de generofité, à porter le duëil de fon Triomphe, comme ayant trempé fes mains dans le fang d'vn de fes plus proches.

Durant ces ébatemens publics, les Lieutenans de Scipion luy
conqueroient tous les jours des villes au feul bruit de fon renom.
Aftape feule affez importante eût l'audace de leur refifter, preferant
la gloire de s'enfeuelir fous fes propres ruïnes, à l'vtilité de s'abandonner lâchement à la mercy de leurs ennemis.

D'abord ils prirent les armes, non feulement pour fe defendre,
mais encore pour aler attaquer les Romains jufques dans leur Camp.
Et certes comme la refolution qu'ils en firent d'vn commun accord
fut prodigieufe, à force d'étre funefte : i'ay été curieux de vous en

faire vn nouueau recit. Imaginez-vous qu'apres s'être assemblez en
public, délors qu'ils se virent assiegez, il fut resolu en plaine assemblée, qu'on fairoit dresser vn bûcher dans la place publique, sur lequel tous les vieillards, toutes les filles, les femmes & les petits enfans, jusques à l'âge de douze ans seroient placés, apres y auoir en-
ferré tous les tresors de la ville : & qu'vne troupe de jûnes gens,
tous portans le flambeau d'vne main, & le poignard de l'autre, seroient destinés aux aproches des ennemis vainqueurs, à alumer de
tous cotez ce bucher, & se sacrifier eux mémes à l'instant, pour ne
leur seruir pas tous ensemble de Trophée : Tandis que les autres
leur iroient au deuant pour alonger le terme seulement de leur dernier Triomphe, & donner plus de loisir à ces genereuses victimes,
exposées publiquement sur l'autel du sacrifice, de rendre leurs abois
sans autre contrainte que celle qu'elles mémes s'étoient imposée par
vn excés, je n'ose dire de magnanimité, puis qu'il y en a beaucoup
plus de fureur & de rage.

Tout fut executé cependant auec le méme courage qu'il auoit été
resolu. Ceux qui furent destinés pour aler au deuant des Romains,
leur vendirent si cher leurs vies, que les premiers marchans qui la
marchanderent, ne pûrent auoir que l'enuie de l'acheter, y laissant
la leur pour arres. Ie veux dire, qu'apres auoir tué d'abord tout ce
qu'ils treuuerent à leur rencontre, ils eurent l'audace d'aler donner
l'alarme au reste de l'armée jusques à l'entrée du Camp, où ils se bâ-
tirent eux mémes vn si superbe tombeau, que la memoire en durera
autant que son Temple.

Leur défaite apelant en suite les vainqueurs à la conquéte des tresors de la ville, dont les portes ouuertes leur frayoient le chemin. Ils
ne treuuerent dedans qu'vn monceau de cendre, qui representoit
auec horreur l'effroyable metamorphose d'vn monde de peuple, de
tout âge & de tout sexe. Les plus auares se mirent en peine d'y chercher dedans l'or & l'argent qui ne pouuoit être fondu ; mais ils n'y
treuuerent que la place de leur tombeau, où ils furent enseuelis,
comme étouffés à force de fumée & de puanteur.

Ie vous diray maintenant que cét spectacle étonna fort les Romains,
tant pour le prodige d'vn accident, & si funeste & si effroyable, que
pour le peu de profit qui leur en restoit, & le nombre des braues
soldats qu'ils auoient perdus en cette conquéte d'vn cimetiere rem-
pli d'or & de cendres.

Scipion fatigué de mille sortes de soins, que sa bonne fortune luy
causoit pour la conseruation de Carthage, & de beaucoup d'autres

Fortereſſes d'importance, tomba malade en cette ville-là, & comme le bruit commun faiſoit ſa maladie beaucoup plus dangereuſe qu'elle n'étoit pas, il y eût pluſieurs nations en Eſpagne qui ſe reuolterent, ſous eſperance de quelque nouueauté. Son armée mémes qu'il auoit laiſſée à Sucra, fuyant ce mauuais exemple, ne voulut plus reconoître de Chef, pour s'exempter d'obeïſſance. D'abord les ſoldats oyſeux, & feneans oubliant peu à peu leur diſcipline militaire, mépriſoient ceux qui les commandoient. Et de cette premiere faute venant au crime, ils chaſſerent tous les Chefs des Bandes, & éleurent pour leurs Capitaines deux ſimples ſoldats, qui eurent l'effronterie d'en agreer le titre, & méme de faire porter deuant eux le faiſceaux des Verges, dont à la fin ils furent foüetez ; comme auſſi les mémes haches, dont on ſe ſeruit pour leur trancher la teſte. Conſiderez vn peu en paſſant juſque à quelle extremité vne ambition déreglée porte les hommes.

Les Eſpagnols d'ailleurs voulurent joüer de leur reſte ; & particulierement les Roys Mandonius & Indibilis, comme jaloux de la puiſſance des Romains dans l'Eſpagne. De ſorte qu'ayant creu trop de leger les nouuelles qui couroient de la mort de Scipion, ils leuerent le maſque, & s'en alerent Enſeignes déployées à la conquéte du pays des Sueſitains, aprés leur auoir déclaré la guerre contre leur foy promiſe, étant aliez du peuple Romain. Mais délors qu'vn nouueau bruit de la conualeſcence de Scipion eut couru en diuers lieux, la plus grande partie de ces deſordres & de ces diſſentions ciuiles ſe diſſiperent, comme des foibles nuages au leuer du Soleil. Ie veux dire, qu'au recouurement de ſa ſanté chacun ſe remit en ſon deuoir : La crainte regnant à ſon tour dans ces eſprits reuoltés, au lieu de l'ambition : ils aymerent mieux ſe repentir de leur faute, que courre l'euïdent peril d'en étre promtement chátiez.

Scipion ne fut pas plutoſt guery qu'étant informé du deſordre de ſon armée, auſſi bien que des autres reuoltes, s'arréta au plus neceſſaire, & mit en deliberation dans le Conſeil la peine qu'on deuoit impoſer à ſes ſoldats, en expiation de leur crime. La plus grande partie de ceux qui y opinerent fût d'auis de punir ſeulement les principaux Auteurs du deſordre, & de pardonner à tous les autres, aprés auoir été ſpectateurs du ſupplice ; afin que l'horreur, jointe au ſouuenir de leur crime les chátiat d'vne autre ſorte plus doucement. De maniere qu'il fit ſommer à méme temps les bandes ſeditieuſes de venir à Carthage pour receuoir leur montre. Tous obeïrent à ce commandement, les vns croyant que leurs fautes étoient pardonnables,

& les

& les autres se confiant en la seule clemence de leur Souuerain, pour luy auoir ouy dire autresfois qu'il aymoit mieux sauuer la vie à vn Citoyen Romain, que la faire perdre à mille de leurs ennemis.

Le bruit couroit par tout en ce méme temps là, que Scipion auoit vne nouuelle Armée sur pied, qui venoit le joindre pour étre plus puissant encore à se venger de ces deux Roys reuoltez, qui faisoient la guerre aux Suesitains : ce qui les obligea d'autant plus encore à la soûmission, qu'ils aprehandoient ces nouuelles forces, ne sçachant d'ailleurs quel party prendre qui leur fut plus auantageux.

Le lendemain de leur arriuée à Carthage on les fit assembler dans la place, où apres étre desarmez & enuironnez de tous cotez par d'autres legions, Scipion se fit voir dans son siege auec sa Majesté ordinaire, & vne pareille santé à celle dont il jouyssoit auant sa maladie. Et lors animé d'vne juste colere contre les coupables, il leur representa si puissamment l'enormité de leur crime, qu'auant que les condamner au suplice, il leur en fit ressentir toutes les peines, à force de honte & de confusion : puis d'vne méme voix il les abandonna aux Loix de la justice militaire, pour étre foüetez selon les coutumes, & en suitte auoir la teste tranchée. Cét exemple de châtiment en toucha beaucoup, & fit resoudre les autres à mourir dans leur deuoir, apres auoir prété vn nouueau serment de fidelité.

Ces racines de diuision ne furent pas plutost coupées auec les testes qui en auoient jetté la semence, que Scipion declara la guerre aux Roys Mandonius & Indibilis, lesquels hors d'espoir de grace, selon leur creance, auoient leué vne armée de vingt mil hommes, & s'en venoient teste baissée à la rencontre des Romains : lors que Scipion informé de leurs aproches, voulut faire la moitié du chemin, afin de leur oster le moyen, en ne leur donnant pas le temps de renforcer leur armée par la reuolte de differentes Nations.

Ces Roys s'étoient campez à leur auantage, & se confioient d'ailleurs tellement à leurs forces, qu'ils auoient resolu de ne refuser point la bataille, ny de chercher aussi le moyen de la donner. Mais ils se treuuerent si proches des ennemis, qu'en étant ataquez diuersesfois, leur premiere defence fut vn commencemet de bataille, & la continuation de leur resistance exposa à la fin les deux Armées au hazard d'vn dernier combat. L'auantage fut long temps en dispute, & chacun pouuoit pretendre sans vanité à l'honneur de la victoire, jusques à ce que les Romains acoûtumez à triompher, ou à mourir, s'exciterent reciproquement au combat, & auec tant de generosité pour imiter leur Capitaine, qu'en vn méme instant ils luy firent

Si la Iustice ne regne absolument, on luy arrache à la fin l'espée des mains pour s'en seruir contre ceux mémes qui en deuroient faire l'exercice.

La plus grande force d'vne armée, consiste en la justice de la cause qu'elle defend.

E

voir la plus grande partie de ſes ennemis, ou à ſes pieds ou en fuite.

Ce fut lors que les Roys Mandonius & Indibilis, reſeruez par vn coup de mal-heur à vne plus grande infortune, ſuruécurent honteuſement à leur reputation : comme contrains de mandier la liberté de viure, apres auoir mépriſé vne ſi belle ocaſion de mourir. Car reduits à l'extremité dans leur défaite, ils enuoyerent vn Ambaſſadeur à Scipion pour implorer ſa bonté, & luy demander grace, à telles conditions qu'il voudroit leur impoſer.

Ce grand Capitaine, Grand veritablement en toutes ſortes de Vertus, ſe treuua d'abord vengé dans la ſoûmiſſion ſeruile de ſes ennemis, & creut à méme temps que la victoire qu'il auoit remportée ſur eux par ſa valeur, ne ſeroit pas parfaite, ſi ſa clemence n'auoit part au Triomphe. De ſorte qu'il leur pardona à condition qu'ils payeroient les frais de la guerre, pour ſatisfaire la Republique de ſes interets, puis que les ſiens étoient ceux-là mémes.

Quelques iours apres Maſiniſſa partit de Gades, & s'en vint au Camp de Scipion pour luy confirmer de bouche toutes les aſſurances d'amitié, dont il luy auoit fait deſia porter parole par Marcus Sillanus. Et à n'en point mentir, il fut rauy à ſon abord, & ſi ſatisfait à ſa premiere veuë, qu'il en crût à l'inſtant méme tout ce que la Renommée en auoit dit. Auſſi veritablement étoit-il ſi acompli en toutes choſes, qu'il ne faiſoit plus des jaloux de ſa gloire, comme éleuée par ſon ſeul mérite au deſſus de toute ſorte d'ambition. Maſiniſſa luy fit de tres-humbles remerciemens, de ce qu'il luy auoit renuoyé ſon Nepueu quitte de rançon. & chargé de preſens; luy témoignant en ſuite par vn ſentiment d'inclination, plutoſt que de reconoiſſance, qu'il mourroit ſon ſeruiteur, & fidelle amy de la Republique. En effet il tint ſa parole inuiolablement, & ne ſepara jamais durant ſa vie ſes interets de ceux des Romains.

Tous les diuers peuples d'Eſpagne auoient deſia receu la Loy de Scipion, fors que celuy de Gades, vn des plus anciens & des plus belliqueux, mais à la fin l'exemple de leurs voiſins, ou plutoſt la decadence de leur fortune, les aſſujetit ſous vn pareil empire, & aux mémes conditions. Apres auoir veu la fin de tant de beaux Exploits, & de ſi glorieuſes entrepriſes en la nouuelle conqueſte des Eſpagnes, dont il auoit chaſſé les Carthaginois; il reſolut de s'en retourner à Rome, laiſſant le gouuernement à Lelius Lentulus, & à Manlius Acidinus.

Le bruit de ſon ariuée le deuançant de beaucoup, ſes amis luy alerent au deuant ; & comme tout le peuple se treuua de ce nombre, on pouuoit dire que Rome mémes le fut receuoir hors de son assiete. Le Senat luy donna audiance dans le Temple de Bellonne, où il fit cette harangue.

NOVVELLE HARANGVE
de Scipion au Senat.

PERES ET SOVVERAINS PROTECTEVRS DE LA REPVBLIQVE, Ie ne viens pas icy pour vous raconter l'histoire de mes faits guerriers, quoy qu'extrememement heureux ; en vous disant que i'ay gaigné six batailles, vaincu quatre grands Capitaines, pris cinquante-deux villes, de force ou d'industrie, assujety de nouueau sous vostre Empire douze Nations, chassé vne derniere fois des Espagnes tous les Carthaginois nos anciens ennemis, & que ie porte vn nouueau tresor dans le vostre, par vne somme tres-notable d'or & d'argent. Il me suffit de vous representer la joye & la satisfaction qui me demeurent, d'auoir vengé la mort de mon Pere & de mon Oncle, en seruant glorieusement & vtilement la Republique. C'est le seul contentement qui me possede tout entier, sans étre touché que de complaisance pour tous les autres auantages qui me restent. Et en effet, que pourrois-je souhaiter de plus vtile pour la Republique, que de reduire la plus grande partie de ses ennemis à sa mercy ; & de plus glorieux pour mon Nom, que de le faire sortir Triomphant du tombeau de mes Ayeux, où la Fortune seule l'auoit voulu enseuelir, & le rendre d'oresnauant fatal à la ruïne de Carthage. Tous mes vœux sont accomplis ; & comme en cela ie n'ay jamais eu d'autre objet, que le bien public, la seule memoire de les auoir faits me recompense prodigalement de tout le soin que i'en ay deû prendre. Ie ne pretens donc point à l'honneur du Triomphe, ie me contente que mes ennemis vaincus m'en ayent desia fait les entrées en tous les lieux où le bruit de leur défaite a couru. De sorte que de quelque façon que i'entre aujourd'huy dans Rome, ie Triomphe auec Elle ; puis que mes armes victorieuses la rendent de nouueau Triomphante.

Cette Harangue ouye auec beaucoup d'attention, & reçeuë auec vne extreme alegresse du peuple ; tous ensemble d'vne commune voix declairerent hautement, qu'il étoit digne de l'honneur du Triomphe : mais comme sa charge de Vice-Consul ne luy permetoit pas d'entrer triomphant dans Rome, selon les Loix & la Coûtume, il se contenta d'en meriter l'honneur.

Le Senat & tout le Peuple témoignerent également d'étre fort
satisfaits de l'humilité extraordinaire d'vn si superbe vainqueur; ne
voulant pas violer les loix qui luy deffendoient le Triomphe, quoy
que luy méme les fit Triompher de nouueau, en appuyant par ses
grandes victoires la grandeur de la Republique. Sa valeur a beau
étre souueraine, il se demet volontairement de son authorité, pour
obeïr en qualité de sujet. Mais ne vous en étonnés pas, l'honneur
de la Republique est sa gloire: Elle luy a mis les armes à la main, il
les luy rend victorieuses, sans remporter d'autre auantage, que celuy de la faire Triompher en sa place heureusement.

Le lendemain il fut fait Consul publiquement, pour les recompenser en quelque sorte de tant de peines, & de tant de trauaux.
Vn Nom ce- Mais certes on n'auoit jamais veu vne si grande foule de peuple dans
lebre & glo- Rome qu'en ce jour là: tous les voisins des enuirons y étoient acou-
rieux se rend rus, pour voir seulement ce jûne vainqueur; comme si on eut eu
par tout ab- dessein de le faire Triompher dans Rome, à force de luy rendre des
solu. respects, & luy donner des loüanges. Et en effet si l'honneur d'vn
Triomphe se celebre plutost dans les cœurs de ceux qui en font les
preparatifs, que dans les ruës de la ville, où la pompe en doit étre
faite: Scipion eut sujet de se satisfaire en suitte, puis qu'vn chacun
fétoit dans l'ame le iour qui deuoit étre destiné à la gloire de son
entrée.

Dans la premiere Assemblée qui se fit en suitte, où l'on deuoit
élire vn Capitaine General pour la guerre d'Afrique; ce Nom de
Scipion étoit desia si venerable, qu'il fut preferé à beaucoup d'autres,
que ses ennemis auoient mis en auant. Toutesfois Fabius Maximus,
vn des plus considerables du Senat, & son ennemy particulier, s'oposant à ce decret, tint quelque temps en doute le succés de cette premiere deliberation; faisant changer d'auis à beaucoup de ses compaignons par cette harangue.

HARANGVE DE FABIVS MAXIMVS
au Senat, contre Scipion.

PERES ET SOVVERAINS PROTECTEVRS DE LA REPVBLIQVE,
Ie suis fort aise que dans la reputation extraordinaire que i'ay acquise,
& sur laquelle i'ay étably solidement l'honneur & le repos de ma
vie pour vne eternité, ie puisse aujourd'huy imposer silence à la calomnie,
si elle

ſi elle veut m'accuſer d'étre jaloux & enuieux de la gloire d'autruy. Ce qui me donne la liberté de parler plus hardiment ſur le ſujet qui ſe preſente d'élire vn Capitaine General pour la guerre d'Afrique. Scipion veritable-ment nous pût donner de belles eſperances, puis qu'il nous a fait voir des merueilleux effets. Mais comme la conquête de l'Afrique eſt d'vne autre importance, que celle de l'Eſpagne: Ce ſeroit nous flater auec luy, de croire tous enſemble qu'il ſçeut reüſſir dans vn deſſein, dont l'objet eſt infiniment éleué au deſſus de ſes forces, & de ſon induſtrie, par le peu d'experience que l'âge luy a donné. Ce n'eſt pas qu'il ne ſoit fort vaillant, & extremé-ment courageux: mais la valeur, ny le courage, ne peuuent pas ſeuls con-querir l'Afrique: il faut de neceſſité que la Prudence elle-mémes y agiſſe ſouuerainement par ſes ſages conſeils; & la jûneſſe de Scipion eſt plus ca-pable de les executer, que de les donner, quoy qu'on en veuille dire. Nous n'auons pas beſoin d'vn ſoldat en cette entrepriſe qui nous en promette le ſuccés à force de hardieſſe: nous demandons vn Capitaine qui nous en faſſe eſperer vne heureuſe fin à force de jugement. Ie veux que Scipion ſoit ſorty Triomphant d'Eſpagne: nos aliez qui l'y atendoient pour joindre leurs forces aux ſiennes, luy en donnerent l'entrée. Que s'il étoit difficile pour-tant d'en chaſſer les Carthaginois; il m'aduoüera, qu'il n'étoit pas impoſſi-ble de les vaincre. Mais de pretendre aujourd'huy auec ſes mémes ar-mes victorieuſes d'aſſuietir l'Afrique, où nous n'auons pas vn port à faire ſurgir nos vaiſſeaux, ny des intelligences ſeulement, pour y eſperer quel-qu'autre ſorte d'aſile: ce ſeroit aſſouuir ſon ambition de noſtre commune ruïne, apres l'auoir preueuë infaillible. Et puis permetrons-nous que Scipion ſi heureux & ſi vaillant, aille conquerir l'Afrique, tandis qu'Annibal entrera en Triomphe l'épée à la main dans l'Italie? Il nous menacera à toute heure de nous imoler à ſa fureur; & nous atendrons à tous momens l'arriuée de Scipion pour nous exemter de ce funeſte ſa-crifice. Quel jugement fairoit du noſtre la Poſterité, s'il n'arriuoit aſſez toſt, que pour aſſiſter à nos funerailles? Seruons-nous donc prudement, & de ſa valeur, & de ſa fortune; non pas pour aler combatre Anni-bal en Afrique, où il n'eſt point; mais plutoſt pour le chaſſer d'Italie, où il a eſtably ſa demeure. Apres tout, il vaut mieux ſauuer Rome, que ruïner Carthage.

Les Senateurs touchez viuement des raiſons qu'vn ſi grand Per-ſonage auoit miſes en auant, auec autant de majeſté, que d'élo-quence, ſe trequoient reſolus ſecretement d'opiner ſur cette affaire au deſauantage de Scipion: lors qu'il les força tout à coup, de te-nir encore leur jugement en ſuſpens, en leur parlant de la ſorte.

Marginal notes:

La vielleſſe ſe fait écouter, parce que ſon experience eſt fort eloquente.

Quoy que la verité ne change jamais de viſage, l'e-loquence la deguiſe ſi fort qu'on a de la peine à la co-gnetre.

HARANGVE DE SCIPION, AV SENAT,
ou Réponce à celle de Fabius Maximus.

PERES ET SOVVERAINS PROTECTEVRS DE LA REPVBLIQVE, Fabius a beau se justifier par cette extraordinaire reputation qu'il s'est acquise, de l'enuie qu'il a conceuë contre moy: si elle même ne l'en acusoit, ie ne prendrois pas la liberté de l'en conuaincre. Representez-vous, s'il vous plaist, que tant plus elle est éleuée au dessus du commun, & moins pût elle souffrir de riuale, ou de compagne. Et comme il n'a jamais esperé seulement d'acquerir en l'âge où ie suis, les honeurs qu'aujourd'huy ie possede; la crainte que ie ne le deuance vn jour en dignité, dans la saison, où il se treuue, le rend sans doute également jaloux, & de mon bonheur & de ma gloire. Ie sçay bien que la conquête de l'Afrique me sera beaucoup plus penible, que celle de l'Espagne: mais si i'ay remporté glorieusement la derniere, contre l'opinion de tout le monde ensemble, & pour vn coup d'essay, quelle consequence en peut on tirer à mon desauantage? Oseroit-on soûtenir publiquement que ie seray vaincu en Afrique, parce que i'ay Triomphé en Espagne? Que si mon âge vous à trompez deja vtilement, pourquoy ne voulez-vous pas que ie vous deçoiue encore vne fois de la même sorte, en vous donnant beaucoup plus qu'il ne vous promet? Encore que ie n'aye pas les cheueux gris, comme Fabius, i'enuie sa fortune plutost que sa prudence; puis que i'ay rendu assez de témoignages de la mienne par l'heureux succez de tout ce que i'ay entrepris. Et si ie n'auois été tout à la fois & vaillant soldat, & sage Capitaine, vous ne possederiez encore qu'en esperance les depoüilles des ennemis, dont vous joüissez en effet. I'auoüe que nous n'auons ny port, ny intelligence en Afrique: mais la Iustice de mes Armes, & la Renommée de ce nom de Scipion, y font deja secretement les preparatifs de mon Triomphe; disposant les vns à force de crainte, & les autres à force d'amour, à subir les loix de vostre Empire. Et ne vous imaginez pas qu'Annibal vienne tremper son épée dans le sang des Romains, tandis que i'auray le flambeau à la main pour reduire en cendre Carthage. Ie feray resoner si haut le bruit de mes victoires en Afrique, que les Echos de l'Italie ne luy parleront incessament que de la necessité de son retour: & en l'attirant au combat hors de nos terres, & sur son pays, Carthage, & luy tout à la fois, seront en hasard & courront le peril de seruir de butin à mes Armes, & de trophée à mon Triomphe.

L'eloquence de Scipion ce coup là ne reüffit pas seule à persuader au Senat & au peuple tout ce qu'il desiroit. Sa Renomée y contribüa beaucoup, y ayant disposé tous les esprits auant méme qu'il eut ouuert la bouche à dessein de les y faire resoudre. De sorte que d'vne voix éclatante à force de joye & de zele, on luy donna le Gouuernement de la Sicile, & permission de passer en Afrique auec toute son armée s'il le jugeoit à propos pour le bien de la Republique.

Ce decret authorisé si publiquement, fut acompagné de mille heureux presages qu'vn chacun faisoit à l'enuy en faueur de ce nouueau Consul, sans autre fondement toutefois, que celuy de son merite. Ce n'est pas qu'il ne prit les armes pour vne juste cause, alant faire la guerre à des Infideles ; Mais comme en ces rencontres on s'atache tousiours à l'objet le plus sensible, la reputation que ce jûne vainqueur s'étoit acquise, auoit déja gaigné tant de cœurs, & assujety tant d'esprits, qu'elle seule étoit l'autel, où l'on portoit cette sorte d'ofrandes.

Dans ce grand employ il fit parétre d'abord vn pareil soin & vne continuele vigilance en la curieuse recherche de tous les moyens possibles d'y reüssir heureusement. Les Thoscans & les Vmbriens, tous peuples fort riches, furent les premiers à contribuer aux vfrais de cette guerre ; les vns luy fournirent le bois à faire ses Nauires auec les armes necessaires aux soldats, qu'on metoit dedans ; & les autres luy donerent les viures, dont il pouuoit auoir besoin pour leur entretenement. De sorte qu'à moins de deux mois son armée de mer fut préte à faire voile.

Il partit d'Italie pour aler en Sicile, où ayant fait la reueuë de toute son Armée, il choisit les plus vieux soldats, qui auoient frequenté la guerre sous la conduite de M. Marcellus, jugeant qu'vn si sçauant maistre ne pouuoit auoir que de bons écholiers. Pour les Siciliens, il les traita selon leur humeur, & joignit la force à la clemence, dans le dessein de les obliger à faire vne partie de la dépence, qui étoit necessaire en cette guerre ; attendant auec impatience la saison de la commencer.

On dit que pour monter trois cens de ses meilleurs soldats il fit comparétre à jour prefix autant de jûnes hommes des plus nobles & des plus riches de diuerses villes, auec armes & cheuaux ; & que comme ils eurent obey à son commandement, il leur laissa le choix, ou de le suiure en Afrique, ou de donner leur equipage à d'autres qu'il auoit tous prêts. Ce qu'ils firent sans aucune resistance, preferant dans l'heureuse condition où ils viuoient, les delices de la paix

La Renomée rend vn homme si aimable, que tout le monde soupire apres luy, sans le cognétre.

La Clemence ne sçauroit regner auec eclat, que dans vne puissance absoluë.

aux incomoditez de la guerre. Et par cette inuention il treūa
moyen que les Siciliens defrayaſſent les Romains ſans encourir aucun
reproche.

Il atendoit touſiours la ſaiſon de mettre ſon Armée ſur mer, lors
qu'il partit de Sicile pour s'en aler en Siracuſe, où ayant eſté informé
qu'vn grand nombre de ſoldats retenoient encore aux habitans le butin, qui auoit eſté pris ſur eux durant la guerre, contre les Ordon-
nances du Senat; il les contraignit d'y obeïr, comme à des loix
qu'il tenoit luy même inuiolables : ce qui luy fit acquerir autant de
reputation pour ſa juſtice, qu'il en auoit deſia remporté pour ſa valeur.

Il aprit cependant par C. Lællus, qui reuenoit nouuelement d'A-
frique auec vn grand butin, comme le Roy Maſſiniſſa l'atendoit de
jour à autre, & le prioit de hater ſon voyage autant qu'il luy ſeroit
poſſible, pour receuoir l'homage de pluſieurs nations, qui vouloient ſecoüer le joug de la ſeruitude des Carthaginois, & ſe reme-
tre ſoüs celle des Romains. Mais en ce deſſein de partir, il ſembloit que ſon mal-heur voulut rendre tous ſes ſoins inutiles, luy op-
poſant tant d'obſtacles, que tout autre que luy, ſans doute, je veux
dire vn eſprit moins fort que le ſien, eut perdu l'eſperance d'y reüſſir. Les affaires de la Sicile l'areroient d'vn côté, & de l'autre l'occa-
ſion qui ſe preſentoit d'apaiſer les reuoltes de Locres, étoit trop
importante pour la laiſſer échaper. D'ailleurs les continueles plaintes qu'on faiſoit de toutes pars contre Pleminius, qui y comandoit en qualité de ſon Lieutenant, & qui en ſon abſence y auoit
exercé toute ſorte de mechancetez, à l'intereſt particulier de ſa reputation, & au dommage du peuple, l'obligeoient d'amortir ce feu
de diſſention en ſon pays, auant qu'en aler jeter les étinceles d'vn
autre, dans des terres étrangeres : conſiderations toutes de poix,
pour y arreſter deſſus ſon jugement.

Il arriua de plus en ſuite que les Ambaſſadeurs de Locres s'étans
plains de la tiranie de ce Pleminius ſon Lieutenant au Senat, ils
l'y rendirent ſi odieux, qu'on donna pluſieurs arreſts, non ſeulement contre luy, mais encore contre Scipion, quoy qu'inocent:
à quoy ſes enuieux contribuerent extremement. Ie vous laiſſe à penſer quel pouuoir à la Calomnie en l'abſance de celuy qui eſt accuſé
par autant de témoins qu'il a d'enemis. L'vn ſoutenoit que Scipion
étoit d'intelligence auec Pleminius, ayant excuſé ſes fautes au lieu
de les punir. L'autre aſſeuroit auec vne pareille effronterie, que tous
deux ne diferoient que de charge & de nom, comme également

coupa-

coupables par l'intereſt comun qu'ils auoient aux crimes.

Fabius Maximus Perſonage de tres-grande authorité qui luy en vouloit de long-temps, le calomniet de nouueau à outrance, & juſques à perſuader les principaux du Senat de le rapeler & luy oter ſon gouuernement, auec la charge de Capitaine General qu'on luy auoit donnée. Ce qui ſembla d'abord vn peu étrange & hors de raiſon : De ſorte que par le conſeil de L. Metellus il fut ordoné qu'on enuoyeroit dix Ambaſſadeurs en Sicile de la part du Senat pour eſtre informez de la verité, auec puiſſançe de rapeler Scipion s'ils le treuuoient coupable, comme auſſi de le faire partir pour aler à la guerre d'Afrique, s'il étoit jugé innocent.

Les nouuelles de l'arriuée de ces Ambaſſadeurs en Sicile furent fort agreables à Scipion, puis qu'ils n'étoient chargez que de courones, & pour ſa fidelité, & pour ſon inocence. Il s'eſtimoit trop heureux que ſes actions toutes à l'épreuue de ſa conſcience, fuſſent expoſées publiquement à la ſenſure dans la probité qu'il profeſſoit, ſçachant bien que quand ſes ennemis mémes ſeroient & ſes juges & ſes parties, ſa vie hors de reproche, le metroit touſiours hors d'atainte.

Et certès les informations qu'on fit contre luy, ou pour mieux dire, qu'on auoit deſſein de faire changeant tout à coup de face, au premier article, tous les ſuiuans pour l'acheuer, ne furent remplis que d'eloges en ſa faueur, n'ayant jamais pû eſtre conuaincu que du ſeul crime d'auoir été trop indulgent à pardonner les fautes que ſon Lieutenant auoit comiſes, ſans y auoir trempé toutefois d'vne ſeule penſée, tant il étoit jaloux de ſa reputation. De ſorte que parmy vn nombre infini de perfections qu'il poſſedoit, l'Enuie mémes ny ayant pû marquer d'autre defaut que celuy de l'excez de ſa clemence, tous ces Ambaſſadeurs s'impoſerent eux mémes de nouuelles loix, & luy donerent autant de loüanges de la part du Senat, qu'ils auoient reſolu de luy faire des reproches. Veritablement apres auoir fait conoiſtre la pureté & l'inocence de ſa vie, le bel ordre qu'il auoit étably, & la bonne conduite qu'il auoit euë à recouurer en ſi peu de tems tous les vaiſſeaux de guerre qui luy étoient neceſſaires, rauirent tellement de joye & d'admiration ces Ambaſſadeurs, qu'ils ſe ſentirent forcez à ſe recuſer eux mémes d'étre Iuges d'vn homme qui leur oſtoit d'abord ſa liberté.

Ils ne furent pas plutoſt de retour à Rome qu'à la premiere Audience qu'ils eürent du Senat, ils luy preſentarent de nouuelles informations de la vie de Scipion, où vn nombre infiny de témoins

G

foûtenoient également qu'elle étoit fans tache, fes actions fans
reproche, & qu'il meritoit tous les honeurs qu'on doit à la vertu,
comme en eſtant la vraye image. Que pour eux veritablement ils
s'étoient treuuez d'abord ſi intereſſez à tenir ſon party, aptes auoir
conu ſon inocence, & à le loüer mémes hautement, après l'auoir
veu ſi exacte en ſon deuoir, qu'ils auoient été cóntrains de porter
toufiours leur premiere qualité d'Ambaſſadeurs, ſans prendre jamais
celle de Iuges que pour condamner ceux qui l'auoient acuſé.

Cette aprobation publique de ſa Probité fermant tout à coup la
bouche à ſes enuieux, l'ouurit à méme temps à vn nombre infiny
de perſones pour le loüer hautement en mille lieux, auſſi bien que
dans le Senat, où l'on auoit confirmé le decret de ſon authorité abſoluë, touchant la guerre d'Afrique. De ſorte que ſes enemis ceſſerent
de le haïr en aparence pour l'amour d'eux méſmes, n'oſant témoigner leur haine en effet, de peur d'atirer ſur eux celle de tout le
peuple.

Mais il ne fut pas plutoſt ſorty de ce labyrinthe de calomnie, où
ſon honeur ſembloit être égaré. Qu'vn nouueau malheur le vint
aſſaillir à l'arriuée des Ambaſſadeurs que le Roy Syphax, vn dés plus
puiſſans Roy d'Afrique luy enuoyoit, pour luy declarer que l'aliance
qu'il auoit contractée auec la belle Sophoniſba, Fille d'Aſdrubal Capitaine des Carthaginois, l'obligeoit à tenir leur party & au nombre
de ſes enemis tous ceux qui leur feroient d'orefnauant la guerre.
Nouuelle ſi facheuſe pour la conſequence du domage qui en étoit
inſeparable que tout autre que Scipion ſe fut arreſté à l'entrée de
cette penible cariere qu'il alloit franchir, puis qu'il ny voyoit plus
au bout les Couronnes d'honeur qu'il s'étoit propoſées. Mais ſe
ſeruant toufiours en cette ſorte de rencontres de la force ordinaire

de ſon eſprit qui ne ſe rendoit jamais aux ataques de la fortune, il luy
ſugera les moyens d'atacher au char de ſon Triomphe d'Afrique
dont il auoit fait déja en ſecret les preparatif, la Roüe de cette volage
Déeſſe, afin qu'elle n'eut plus de mouuement que pour ſuiure celuy
de ſes volontez : Et veritablement il treuua dans ſes penſées l'art de
reſiſter à ſon malheur à force de ruſe & d'induſtrie, en atendant que
ſon courage & ſa valeur luy en donaſſent vne entiere victoire.

Il renuoya promtement ces Ambaſſadeurs du Roy Syphax apres luy
auoir témoigné pour réponce. Qu'il ne pouuoit croire qu'il eut fauſé
ſa foy Royale, dont la ſeule protection faiſoit viure tant de peuples
en repos : Et qu'en cela l'honeur de ſa Majeſté y étant beaucoup
plus intereſſé que les Romains, il ne deuoit pas aymer Sophoniſba

jufques au point d'haïr la reputation qu'il auoit toufiours cherement
conferuée dans tous fes traitez. Il n'oublia pas à même tems de faire
courir le bruit dans fon armée, que les Ambaffadeurs de Syphax n'é-
toient venus expres en Sicile que pour fe plaindre du retardement de
fon depart, & luy reprefenter la neceffité de fa prefence en Afrique
où il étoit depuis fi long temps atendu, leur comandant en fuite de
fe difpofer à partir, apres s'être pourueûs de tout ce qui leur étoit neceffaire.

Cette Ordonance ne fut pas plutoft publiée dans la Sicile, qu'vn
chacun fe tint pret pour le depart, acourant en foule à Lilybée
comme au port de mer, où l'on fe deuoit embarquer, auec vn nombre infiny d'autres perfones, touchées de la feule curiofité de voir
vne fi belle Armée Nauale, ou plutôft le grand Capitaine qui en
auoit le comandement.

Les Matelots n'atendoient plus que le vent pour leuer les ancres,
quand Scipion embarqué dans fes vaiffeaux auec toute fon armée,
leur comanda de faire voile, ne pouuant plus foufrir la veûe de
Lilybée, par le trifte fouuenir du long fejour qu'il y auoit fait. L'in-
conftance du tems luy fut ce coup là fauorable : Car en peu de jours
vn vent d'orage qui enfloit à plain fes voiles, le jetta au Port du Pro-
montoire, furnomé le Beau, où il fit defembarquer fon armée.

Le bruit de fon arriuée mit telement Carthage en alarme, qu'on
renforça les gardes de tous côtés, comme fi la ville même eut été
affiegée ; Et en effet, ils pouuoient auoir fujet de crainte, confiderant la nouueauté du peril qui les menaçoit, & dont à peine homme
viuant auoit veu l'exemple. Car depuis M. Regulus jufques à ce jour
là, pas vn des Capitaines Romains n'étoit entré dans l'Afrique auec
vne fi puiffante armée. Ce fameux Nom de Scipion aumentoit encore de beaucoup leur crainte, ne pouuant treuuer dans toute leur
Republique vn Capitaine pour s'opofer aux efforts de fa valeur, apres
en auoir reffenty fi fouuent le domage. Il eft vray qu'Afdrubal fils de
Gifgo étoit digne de cét employ, mais ayant efté déja vaincu par le
même ennemy qu'il luy faloit combatre ? fi l'on fe confiet à fon
courage, on doutoit de fon bon-heur. La neceffité pourtant les fit
refoudre à fe feruir de fa perfonne en qualité de Capitaine General,
fe confians d'ailleurs aux forces du Roy Syphax fon gendre & leur
allié.

Tandis que l'vn & l'autre fe preparoient à joindre leurs armées enfemble pour fe rendre d'autant plus forts qu'ils feroient vnis. Hanno,
fils d'Amilcar, à qui on auoit donné la garde du Pays, vint au de-

uant des Romains, auec vne armée pour les empécher de faire le dé-
gat & s'enrichir du butin de leur pillage. Mais se sentant trop foible,
il se contenta de donner des bornes à leur course, apres auoir aban-
doné vne partie du Pays pour conseruer le reste.

Scipion d'vn autre côté campé aupres d'Vtique, ville importante,
auec dessein de l'assieger, comanda à Massinissa, ariué depuis peu en son
armée, & dont la valeur & le courage luy étoient en forte considéra-
tion, d'aler reconoitre les enemis, & faire en sorte d'atirer Hanno au
combat, en reculant tousiours, apres l'auoir ataqué, afin qu'il eut
moins de peine à vaincre ses soldats déja aracez du chemin, lors qu'il
iroit à leur rencontre, ce qui luy reüssit comme il l'auoit projeté.
Massinissa joüa si bien son personage, qu'ayant obligé son ennemy à le
suiure, dans l'esperance sensible d'vne entiere victoire, jusques au lieu
où Scipion l'atandoit en embuscade, il y fut tué d'abord, auec vn
grand nombre de ses soldats, le reste ayant pris la fuite.

Cette victoire de grande importance persuada Scipion à suiure sa premiere entreprise d'assieger Vtique, mais à peine auoit-on
trauaillé aux trenchées, que les aproches d'Asdrubal & de Syphax,
chacun à la teste de son armée, luy firent changer de dessein & leüer le
siege d'vn côté seulement, tenant tousiours la ville assiegée de l'autre,
& sur tout les vaisseaux qu'il auoit à l'ancre en seureté. Cette seconde
assiete de Camp qu'il auoit donée à son armée parut si auantageuse à
ses enemis qu'ils n'oserent l'ataquer, n'étant pas en état apres tant de
mal-heurs, de tenter la fortune d'vne derniere bataille, contre vn superbe vainqueur, à qui la memoire de leur défaite donoit à tous
momens vn nouueau courage. De sorte qu'ils se resolurent de camper à sa veüe, atandant l'occasion ou de le combatre par force, ou de
le vaincre par ruse, & de tous ces desseins l'esperance qui les auoit
trompez si souuent, leur en dona encore de vaines promesses.

Scipion plus vigilant & plus heureux leur fit bien-tost voir à leur
honte & à leur domage les effets de tous les desseins qu'ils auoient
proposez. D'abord pour doner vn solide fondement à ses inuentions,
il jugea qu'il étoit à propos de faire soliciter le Roy Syphax de renoüer
son aliance auec les Romains sur l'aparance qu'il y auoit que la possession de Sophonisba son Espouse l'auroit guery du mal de son amour,
ou du moins moderé telement sa passion, qu'il auroit assez de liberté
pour songer à la faute qu'il auoit faite. Que si sa maladie étoit toujours
dans son excez, il en tireroit cét auantage, de sçauoir en quel état se
treuuoit son armée, l'ordre qu'on y obseruoit, & la maniere de camper,
pour prendre en suite ses mesures dans l'execution de son entreprise.

Les

Les propositions qu'on fit à Syphax de la part de Scipion, de renoüer l'aliance auec les Romains, furent inutilles, toutefois comme
elles tendoient à deux fins, la derniere reüsit heureufement. Ce n'eft
pas que Syphax ne defirat la paix, & fe rendre arbitre des diferens de
ces deux grandes Republiques ? Mais Scipion qui apres tant de combats ne refpiroit que l'honeur d'vne derniere victoire, luy vouloit
faire voir, qu'il aloit prendre luy méme vn flambeau pour alumer les
feux de joye, qui deuoient deuancer fon Triomphe.

Délors qu'il fut informé de l'état du Camp de fes enemis, par les
foldats vétus en efclaues qu'il auoit enuoyez à la fuite de fes Ambaffadeurs; & que le terme de la treue qu'ils auoient faite, fut expiré, fans
en auoir tiré d'autre auantage, que celuy de la lumiere qu'il auoit be-
foin pour étre éclairé durant la nuit, au chemin de fes victoires : Il declara fon deffein à fes Capitaines, & leur dit, qu'il étoit refolu d'aler
métre le feu au Camp des enemis; puis que leûrs tentes & leurs hutes n'étoient faites que de bois, couuert de rofeaux : & qu'à cét effet fur les dix heures du foir, tous leurs foldats fuffent pourueus d'vn
flambeau, auec leurs armes ordinaires pour fuiure Maffiniffa & C.
Lælius qui en comanderoint vne partie ! & que tous enfemble iroient
reduire en cendre le Camp de Syphax, tandis qu'en vn méme tems
il fairoit la méme chofe dans le Camp d'Afdrubal, auec le refte de fon
armée.

Cét ordre & ce comandement ne furent pas plutoft donez, &
l'heure de l'execution fonée, que Maffiniffa & C. Lælius fuiuis d'vne
partie de l'armée fe mirent en chemin, pour aler executer leur entre-
prife. Scipion à qui toute la gloire en étoit deüë, prit fa route d'vn
autre côté, & à méme tems qu'il aperceut que fon deffein reüfiffoit à
la funefte lumiere de ce premier embrafement, il en fit voir bien-toft
vn tout nouueau, dont les flames deuorantes ne parloient que de
mort.

Les Numidiens qui étoient dans le Camp de Syphax, ne preuoyant
pas d'abord le peril, où ils fe treuuoient engagez, s'amufoient du
comencement à éteindre le feu ? mais lors que fa funefte clarté leur fit
voir qu'on ne l'auoit alumé que pour les reduire en cendre, & que
méme pour euiter fon embrafement, il faloit de neceffité fe refoudre
à vne mort plus cruelle encore; l'horreur d'vn defefpoir fi preffant leur
ôtoit le courage de fe deffendre. De forte qu'ils étoient immolez en
foule à la fureur de leurs enemis, fans pouuoir toutefois l'affouuir,
ny de leur fang, ny de leurs cendres.

Scipion fit de méme éclater fes prodigieux exploits d'induftrie, &

Quand la peur eſt maiſtreſſe des ſens, la raiſon eſt eſclaue auec eux.

de courage dans le Camp des Carthaginois, apres y auoir fait métre le feu de toutes parts; & de ſa main propre ayant reduit en cendres la Tente d'Aſdrubal, animé d'vne genereuſe fureur qui n'eut jamais d'exemple, il ſacrifioit beaucoup plus d'enemis, que ſes ſoldats ne bruloient de hutes? comme s'il eut eu cette enuie d'éteindre à la fin par leur ſang, les flames qu'il auoit alumées pour celebrer leurs funerailles.

Certes tout ce que l'horreur, le deſeſpoir & la mort ont d'hideux & d'épouuentable fut repreſenté au naturel à la lumiere de cét embraſement, dans les Camps de Syphax & d'Aſdrubal. Les pitoyables cris des mourans, les furieux des vainqueurs, la confuſion d'vne alarme continuele, & le triſte objet de la nuit, cauſoient tant d'étonement dans les eſprits, & tant de crainte dans les cœurs; que les plus hardis ne ſongeoient pas ſeulement à ſe défendre? ce qui me fait croire que la peur en fit mourir beaucoup, ſans étre bleſſez que de ſon ateinte.

Les infortunes ſont les maladies de l'eſprit.

La défaite fut de quarante mille homes, tous demeurez ſur la place. Aſdrubal & Syphax ſe garantirent heureuſement, & du feu & du glaiue, comme deſtinez à vne autre ſorte de trépas. Cette nuit fut le plus beau jour de Triomphe que Scipion eut pû ſouhaiter; & quoy qu'il n'eut pour ſoleil qu'vne funeſte clarté de flames deuorantes, elles luiſoient d'vn éclat ſi beau aux yeux de ce vainqueur, qu'il en étoit également rauy, & d'admiration & de joye.

Le bruit de cette défaite cependant étona ſi fort tout le peuple de Carthage, qu'il reſolut de rapeler Annibal d'Italie? comme le ſeul apuy qui leur reſtoit apres tant de diſgraces, ou de demander la paix à Scipion auant qu'étre contrains de luy porter les clefs de leur ville. Et en effet leurs pertes étoient ſi grandes, & de telle importance, que hors de la protection d'Annibal, ils ne pouuoient auoir recours qu'à la clemence de Scipion.

Les Barciniens toutefois, dont le party étoit le plus riche, & la ligue conſequement la plus forte dans Carthage, s'opoſant à cette reſolution, en prirent vne nouuele de contribuer en particulier à vne ſeconde leuée de ſoldats, pour métre ſur pied vne armée auſſi grande que la premiere. Et en effet à force d'argent ils enuoyerent bien-tôt à Aſdrubal, & à Syphax, vn ſi grand nombre de gens de guerre, qu'à peine pouuoient ils reconoitre le domage qu'ils auoient encouru.

Ils n'eurent pas plutôt refait leur armée, & mis à ſon jour leur premiere puiſſance, pour ſe faire craindre autant que jamais, qu'ils ſe camperent aupres des Romains? auec deſſein ſans doute, de les étoner d'abord par l'éclat de leur force toujours naiſſante? Mais Scipion qui ne cherchoit que de nouueaux ſujets de gloire, leur fit bien-tôt conoitre qu'ils n'auoient trauaillé que pour ſon établiſſement. Il auoit vne armée pareille en nombre à celle de ſes enemis, ie dis en nombre ſeulement, puis que d'ailleurs elle pareſſoit diferente en toutes choſes. Celle des Carthaginois compoſée de gens ramaſſez, & dont les Capitaines à force de mal-heur étoient auſſi habituez à la fuite qu'au combat, ne portoit pour Enſeigne que l'Eſperance? mais celle des Romains toujours Triomphante, comme remplie de ſoldats qui ſçauoient l'art de triompher par tout, & comandée encore par vn Chef auſſi heureux que vaillant, faiſoit voir dans ſes Etandars & la fortune, & la victoire également enchenées au char de ſa valeur.

Ces deux grandes Armées ſe ſuiuirent longtems reciproquement, tantôt l'vne tenant le deuant, & tantôt l'autre, à deſſein de treuuer vne aſſiete de Camp qui leur fut auantageuſe. Le choix n'en fut pas plutôt fait qu'on atandoit de part & d'autre le ſignal de la bataille. Scipion qui ne vouloit rien hazarder que fort à propos, & qui ſe ſeruoit vtilement de toutes les ocaſions que le tems & les lieux luy offroient par bon-heur, ou par rencontre, ſe deffendoit ſeulement contre les eſcarmouches des enemis, ſans témoigner le deſſein qu'il auoit d'en venir à vn dernier combat. Ce qui métoit en peine les Carthaginois dans l'impatience ou ils étoient, en l'atante de la bataille.

Quelques jours ſe paſſerent en des ataques particulieres, quoy que ſanglantes, ſans que pas vn des deux partis en reçeut vn notable domage. Mais à la fin Scipion preſſé également du tems, & de l'ocaſion, de-méme que de ſon courage & de la fortune, preſenta la bataile à ſes enemis, apres les auoir reduits en état, ou de fuir ou de combatre. Ils ſe reſolurent à ſuiure le dernier party ; les deux armées s'apelant au combat par la trompete de leurs cris épouuentables, ſe donnerent à la fin reciproquement le ſignal de la bataile. D'abord la caualerie Romaine, començant la premiere ataque contre les Numidiens leur fuite la termina bientôt & à leur confuſion, & à leur honte? Mais les Carthaginois d'vn autre côté qui s'étoient atachez de fort pres auec les troupes que conduiſoit Maſſiniſſa, reparant la honte de leurs compagnons, par vn courage inuincible, cauſoient autant de morts qu'ils donoient de coups. Il eſt vray qu'étans preuenus le plus ſouuent ils encouroient le méme trépas qu'ils preparoient aux autres, mais au moins ils tiroient ce gain de leur perte de ſçauoir mépriſer la vie ſans craindre la mort. La mélée eſtoit ſanglante & funeſte, le combat furieux & épouuentable. Maſſiniſſa toutefois acoutumé à vaincre, ſe fit bien tôt jour dans l'infanterie Carthaginoise, étant fuiuy d'vn grand nombre de foldats choifis, qui à fon exemple cherchoient la mort ou pour la reçeuoir ou pour la donner, fans fe pouuoir arreter en cette courfe. De forte qu'animé d'vne certaine valeur affeçtée à fa naiffance royale, & infpiré d'vne fureur qui n'auoit que la gloire pour objet, luy feul conduit par fon genie inuincible fe faifoit par tout vn chemin de Triomphe, incognu aux autres.

Scipion d'ailleurs efpeçtateur pour vn moment du combat de fes legions, auec les Celtiberiens, s'abandona bien-tôt dans la mélée, il ne fe contentoit pas d'agir de parole pour comander, il faloit encore qu'il executat luy méme fes comandemens, fçachant que fes actions auoit beaucoup plus de pouuoir que fes paroles. Et certes la feule prefence de ce grand Capitaine, étant vn objet de bon-heur & de gloire à fes foldats, vn de fes regards fur eux, ou vn des leurs fur luy, auoient vne vertu fecrete, mais fi puiffante pour leur faire méprifer les perils & courre au deuant de la mort, qu'ils ne pouuoient étre vaincus qu'apres luy, fi les Dieux mémes ne l'ordonoient d'vne autre forte? tant ils étoient atachez à fa fuite de cœur & de penfée, d'action & d'efprit. Ce qui tenoit toujours la victoire de fon party, au prejudice de fes enemis, & malgré tous les efforts de leur refiftence.

Afdrubal auffi vaillant que mal-heureux fe laiffoit à toute heure emporter aux efforts de fon grand courage, pour reparer en perfonne le defaut de vigueur qu'il remarquoit en fes foldats : puis fuiuant les confeils de fa prudence il moderoit la violance de fa fureur, afin de fe pouuoir feruir de fon jugement en toute forte de rencontres. Tantôt on le voyoit à la téte de fon infanterie pour la faire auancer à propos, & fans confufion, n'agiffant que de la voix feulement. Tantôt il fe faifoit remarquer au milieu de fa caualerie, en action de comander de la main plutôt que de la langue. Ie dis remarquer, puis que parmy fes foldats fa valeur extraordinaire le faifoit toujours paffer pour Capitaine. De forte que fon courage dans les ataques, fa prudence dans les ordres & fon abandonnement dans les perils, pour les faire executer à fa fuite auec moins de crainte, rendoit l'iffuë du combat bien douteufe ; quelques efforts que fiffent les Romains, pour fe la rendre fauorable.

Syphax en fon particulier agiffant d'efprit & de corps, puis qu'il y aloit de fon refte, ie veux dire & de fon honeur, & de fa vie ? fe trouuoit prefent par tout ou il jugeoit eftre neceffaire, animant les plus courageux de fa voix, & les autres de fon action méme, pour faire voir à fes foldats qu'il en preferoit la qualité a celle de Roy.

Ce qui

Ce qui les encourageoit veritablement de nouueau à pourſuiure la victoire qui fuyoit encore de tous côtez ? Mais à la fin, les Romains ſe treuuans ſeuls en cette pourſuite, apres auoir défait tous leurs Riuaux, en r'emporterent toutes les courones. Aſdrubal & Syphax, toujours mal-heureux dans le combat, & toujours heureux dans la fuite, eurent ce ſeul auantage pour conſolation, de priuer le vainqueur de l'honeur de leur Triomphe; croyant qu'ils n'auoient encor, rien perdu, puis qu'ils s'étoient ſauuez.

La nuit fauoriſa leur retraite ! quoy que d'ailleurs Scipion, ou pour mieux dire tous les Romains enſemble fuſſent ſi las de tuer des Carthaginois, qu'on ſe trouuoit à la fin contraint de faire grace à ceux méme qui ne la demandoient pas. La tragedie de cette defaite fut fort ſanglante, & quoy que les Carthaginois & les Romains l'euſſent repreſentée du comencement tous enſemble, y faiſant & les vns & les autres leur perſonage, les Romains au dernier acte y ſacrifiant tous les Carthaginois, eux ſeuls en furent le ſujet. Aſdrubal & Syphax eurent beau ſe ſauuer à la fuite pour ne ſeruir pas de victime à ce ſacrifice, leur reputation y fut immolée à leur place, ce qui rendit leur ſort auſſi infame que celuy de leurs compagnons auoit été funeſte.

Scipion victorieux & Triomphant ſe treuuoit inquieté dans ſon bon-heur, puis qu'Aſdrubal & Syphax auoient emporté auec eux la derniere courone de ſa victoire & de ſon Triomphe. Ce qui le fit reſoudre d'enuoyer à leur pourſuite, dés le lendemain au matin Maſſiniſſa & C. Lælius auec la plus grande partie de l'armée, ne pouuant ſoufrir que ces voleurs de leur propre reputation fiſſent encore ce nouuel échec à la ſienne, de le vaincre dans leur défaite en fuyant, ou du moins de luy ôter le moyen de ſe preualoir de ſa victoire, puis qu'ils étoient touſiours en état de remétre vne nouuele armée ſur pied.

Il demura ſur les lieux auec le reſte de ſon armée, qui étoit toutefois auſſi grande que s'il ne l'eut point ſeparée, comme faiſant luy ſeul, toute ſa force, par la ſeule renomée de ſon nom. Et en effet ſa reputation luy ouuroit les portes des villes, auant méme de les ſomer de ſe rendre; Tandis que Maſſiniſſa & C. Lælius auſſi heureux que luy, comme acompagnez de ſa fortune, faiſoient de nouueles entrées de Triomphe par tous les lieux ou ils paſſoient. La plus glorieuſe & la plus vtile toutefois fut celle qu'on prepara à Maſſiniſſa dans la Numidie, dont il entra de nouueau en poſſeſſion. Syphax cependant qui auoit pris ſa route vers ſon Royaume

paternel, & fait vne nouuele leuée de gens ramaſſez, venant à ren-
contrer Maſſiniſſa & C. Lælius, qui le cherchoint, eut la temerité de leur preſenter bataille, & à méme temps auſſi la honte, apres
l'auoir perduë, de ſeruir en perſone de trophée à ſes vainqueurs.
En quoy il témoigna veritablement étre paſſioné apres ſa perte,
puis que la preuoyance qu'il en auoit euë, n'auoit pû luy en faire
éuiter ny le peril, ny le domage.

Il fut pris auec vn grand nombre de ſes Capitaines, & à l'inſtant
Maſſiniſſa ſe ſeruant à propos de l'ocaſion de ſon mal-heur, s'auança
de quelques journées deuant C. Lælius, & amena auec luy deuant la ville de Cirta, Capitale de ſon Royaume, ce Roy infortuné,
afin de la contraindre à ſe rendre, par la ſeule force de la miſere &
de la captiuité de ce Prince preſent. Ce qui luy reüſſit ſi heureuſement, que des la premiere ſemonce qu'on fit aux habitans d'en
ouurir les portes, on porta les clefs à Maſſiniſſa.

D'abord il ſe ſaiſit de la maiſon Royale, & à ſon entrée la Reyne
Sophoniſba ſe jetta toute éplorée à ſes pieds, & les rendit immobi-
les, n'ayant plus la force de marcher plus auant, délors qu'il eut jeté
les yeux ſur Elle. Les larmes & les ſoupirs de cette belle Princeſſe
diſpoſerent les premiers, le cœur de Maſſiniſſa à la pitié, tandis
que ſes regards & ſes atraits le charmant d'amour, il ſe treuua en-
chené auant qu'il eut preueu ſa ſeruitude, & il ne fut pas plutôt reduit en cet état; ou il ne pouuoit rien refuſer qu'elle luy parla en
ces termes.

,, Grand Prince dont la valeur aujourd'huy ne ſe peut comparer
,, qu'à ma miſere, dans le deplorable état ou ie ſuis, ſi jamais vôtre
,, cœur genereux a été touché d'vn ſentiment de compaſſion, à l'ob-
,, jet de quelque miſerable. Ietez les yeux ſur cette infortunée Prin-

,, ceſſe que vous voyez à vos pieds, & ſauuez luy l'honeur, plutôt
,, que la vie. Vous cognoiſſez ma naiſſance, & vous ne doutez pas
,, de ma condition; mais ie vous ſuplie tres-humblement de conſide-
,, rer qu'encore que ie ſois & fille, & feme, de deux plus grans ene-
,, mis que vous ayez au monde, mon mal-heur, & mon ſexe vous
,, otent les armes des mains pour vous venger d'eux, ſur moy, dans
,, la foibleſſe, & dans la ſoumiſſion ou ie me treuue reduite. Toute
,, la grace que ie vous demande, cet de ne permetre pas que ie ſerue
,, de trophée à la victoire des Romains? Que ſi mon deſtin toutefois
,, ou le ſort de la guerre vous forcent à m'abandoner à leur mercy,
,, donez moy la liberté ſeulement de mourir, afin que mon honeur me
,, ſuruiue, ie n'ay rien plus à ſouhaiter.

Maſſaniſſa étonné d'vne tele rencontre, rauy d'vn ſi bel objet, & touché viuement de cette ſorte de diſcours, ne ſçeut que luy répondre d'abord; mais peu à peu ſes yeux charmez, auſſi bien que ſes oreilles, en l'admiration de tant de beautez, & à l'oüye de ſi douces paroles, ſon cœur fut le premier qui ſe rendit; & ſa raiſon en ſuite, autoriſant ſa défaite, il luy promit de luy conſeruer & l'honeur, & la vie? Certes cette belle Princeſſe n'eut pas beaucoup de peyne à triompher de ce grand Roy. Il étoit entré victorieux dans la ville, & à la premiere rencontre d'vne feme, laiſſant choir à ſes pieds les courones de ſa victoire, vn regard luy fait la loy, vne larme l'enchene, & vne ſeule parole à force d'amour le reduit en état d'etre hay de ſes amis mémes. Il eſt vray pour ſon excuſe, qu'il étoit home, & qu'vn cœur ſoupirant de regret, dans le plus beau corps qui fut jamais, en pût faire ſoupirer vn autre de compaſſion, & en ſuite d'amour, ſelon la diſpoſition ou l'on ſe trouue? mais apres tout il faut auoüer noſtre foibleſſe, & chercher vne nouuele raiſon hors d'elle méme, pour authoriſer cette ſorte de deffaut.

Vne grande beauté commende en priant.

Maſſaniſſa amoureux de cette Princeſſe ſe reſoud à l'épouſer, ne pouüant luy conſeruer ſeurement l'honeur qu'en qualité de ſon Epouſe, & il n'eut pas plutót terminé la magnificence du iour de ſes noces, que C. Lælius arriuant à ſon deçeu, apres auoir été informé de tout ce qui ſe paſſoit, luy fit de ſenſibles reproches; mais conſiderant que de cette extremité il pourroit aiſement ſe porter à vne autre, dans l'aueuglement où il étoit? Il ſe contenta de luy auoir repreſenté ſa faute, en atandant l'ocaſion de l'en faire repentir.

La Nature ne fait point de cœur à l'épreuue de l'amour.

Le mal'heureux Syphax, dont la perfidie auoit contraint les Dieux d'apeſantir leur main vengereſſe ſur ſa téte criminele, ſe vit punir de ce nouueau ſuplice d'aſſiſter aux funerailes de ſon honeur dans ſon Palais Royal, ou les noces de Maſſaniſſa & de Sophoniſba, auoient été celebrées. Ce Prince, dis-je, egalement afeſſé ſous le fardeau de ſes mal'heurs, & de ſes chenes, eut ce lache courage de ſuruiure à la plus noble partie de ſoy méme, ſe voyant rauir tout à la fois ſa feme, ſon bien, & ſa liberté, ſans en mourir de regret, ou de rage? Mais quoy, les Dieux vouloient prolonger ſes jours pour acroitre le nombre de ſes peynes.

Maſſiniſſa & C. Lælius reſolurent de l'enuoyer à Scipion, tandis qu'ils pourſuiuroient leurs victoires, pour aſſujetir le Royaume entier. Les nouuéles de ſon ariuée au Camp de Scipion, partagerent tout à coup l'eſprit des ſoldats? les vns ſoupirant de triſteſſe, au recit de ſes infortunes; & les autres reſpirant de joye pour vn méme ſujet

Mais deslors que tous ensemble eurent jetté les yeux sur luy, ou plu-tôt sur le nombre infiny de miseres, dont il étoit enuironé en sa serui-tude, il ny eut plus de partage, tous se treuuerent egalement dispo-sez à compatir à son infortune. Il auoit beau porter encore, auec ce nom de Syphax, la qualité de leur enemy, son mal'heur & ses chenes en effaçoient le souuenir, & le méme courage qu'ils auoient eu autre-fois à le vaincre, leur donoit quelque sentiment de pitié en le voyant vaincu.

Scipion tousiours luy méme, ie veus dire le plus genereux & le plus magnanime qui fut jamais, se leuant de son siege à son ariuée, luy alla au deuant, le salüa, & le reçeut en Roy, quoy qu'il ne parut plus à ses yeux qu'en esclaue. D'abord ce grand Capitaine d'vn visa-ge plus émeu de compassion, que de colere, luy dit; Qu'il ne s'éto-
» noit pas de l'excez de son mal-heur, cognoissant l'enormité de son
» crime? mais qu'il voudroit bien aprandre de sa bouche le sujet qui

» l'auoit porté à luy fausser la foy. Syphax luy répondit que l'amour
» en étoit la cause, & que les chenes dont il s'étoit seruy pour assuie-
» tir sa raison, étoient bien plus fortes que celles dont il auoit les
» mains liées. Que la seule consolation qui luy restoit dans son in-
» fortune, c'étoit de sçauoir, que la méme Sophonisba qui auoit
» vaincu Syphax, auoit Triomphé de Massanissa, quoy qu'il eut tou-
» jours deuant ses yeux, l'honeur & le respect qui étoient deus au
» Senat Romain, dont il violoit les loix, & à la continence de son
» Capitaine, dont il blessoit la reputation.

Ces discours ne pleurent pas à Scipion, come interessé en cette faute, puis que celuy qui l'auoit comise s'étoit seruy de la force de ses armes. Il cacha toutefois son ressentiment, & ne fit parétre que celuy de sa compassion touchant l'infortune de ce Prince, se resouuenant encore du bon acueil qu'il luy auoit fait autrefois chez luy. Ce qui l'obli-gea à le traiter auec toute sorte de douceur! quoy qu'il y fût resolu d'ailleurs selon les loix que sa generosité, & la condition du prison-nier luy auoient déja prescrites.

Massanissa & C. Lælius arriuerent au Camp, quelques jours apres chargez d'honeur & de depoüilles, ayant conquis en peu de tems tout le Royaume de Syphax, dont ils receurent publiquement, de la bouche mémes de Scipion des loüanges, du prix de mille couro-nes. Veritablement la valeur de Massinissa & le courage de C. Læ-lius, joins à la fortune de Scipion, luy auoient assuiety de nouueau vn monde de peuple. Ce qui obligea Scipion à les combler d'ho-neur, puis que c'étoit leur seul élement. Mais se seruant vn jour à

propos

propos, de l'ocafion pour parler en fecret à Maffiniffa, il luy dit:
Qu'il s'étonoit fort que la continence qu'il auoit toujours gardée ,,
& profeffée en toute forte de rencontres, l'eut perfuadé d'en violer ,,
les loix, au lieu de les fubir, au milieu de fon armée. Qu'apres auoir ,,
vaincu Syphax, auec la force du peuple Romain, pris fa feme, ,,
affujetty fon Royaume, & tous fes habitans enfemble, il eut eu la ,,
hardieffe, ou plutôt la temerité, de s'aproprier le plus riche butin de ,,
ces conquétes, & de fon authorité abfoluë, triompher luy feul de ,,
cette victoire, à la honte du Senat, & au mépris de leur Capitaine. ,,
Que cette faute fans exemple, & d'vn notable interet à la Repu- ,,
blique, l'obligeoit en oubliant tous les feruices qu'il luy auoit ren- ,,
dus, de le punir, au lieu de le recompenfer. Il luy reprefenta en ,,
fuite, que la victoire que nous remportions fur nous mémes, étoit ,,
la feule qui nous rendoit digne de l'honeur du Triomphe: Et que ,,
la valeur & la fortune auoient beau nous faire acquerir de la repu- ,,
tation dans le monde, elle n'auoit jamais vn folide fondement, s'il ,,
n'étoit étably fur celuy de noftre propre vertu, come étant à l'é- ,,
preuue de toutes chofes. Ce qui le deuoit perfuader de là en auant ,,
de rendre toujours fa raifon abfoluë fur fes volontés, pour s'exein- ,,
ter tout à la fois, & des reproches publiques, & du repentir particu- ,,
lier, qui bourele fecretement les criminels. Que tout le confeil ,,
qu'il luy pouuoit döner en qualité d'amy, plutôt que de juge, dans ,,
l'état où il le voyoit reduit, c'étoit de reparer promtement fa faute, ,,
par vn regret auffi public qu'elle, abandonant fa conquéte à la ri- ,,
gueur de la loy, & au jugement du Senat, pour reçeuoir de fa cle- ,,
mence ou de fa juftice, la grace ou la peine, fans murmurer contre ,,
fes decrets. ,,

Maffaniffa confus & étoné à l'oüye de ce difcours, & au fouuenir de fa faute, fit voir dans cét étonement & dans cette confufion,
qu'il étoit touché de repentence. Et certes étant deuenu muet à
force de douleur, fon filence plaida fi heureufement fa caufe, que
Scipion fe fentit forcé à le punir auec douceur. Ce Prince toutefois
bleffé jufques au vif du feul regret de fon crime, fe voulut punir le
premier en fe priuant pour jamais de tout ce qu'il auoit de plus cher
au monde; & en cette refolution il s'en ala dans fa tante, où apres
auoir vuidé par fes yeux, l'amertume qu'il auoit dans l'ame, il minuta
l'Arreft de mort contre fa chere Sophonifba. Ie vous laiffe à confide-
rer en quelle confufion fe trouua fon efprit, à la premiere penfée d'en
ruiner l'entretien & les delices: En quelle defailance fon cœur, dans
le deffein de détruire l'vnique objet de fon amour: & en quel fupli

ce son ame, auec cette volonté d'eterminée, de sacrifier au desespoir, pour assouuir son mal-heur, la plus sensible partie de soy-mé-
mes. Certes ceux qui sçauent que cet d'aimer, n'auront pas beaucoup
de peine à croire que la tiranie n'auoit point encore inuenté vn tour-
ment aussi cruel que celuy dont ce Prince se sentoit bourrelé, dans la
contrainte d'imoler de sa main propre, tout ce que la nature auoit fait
de plus beau à ses yeux, & de plus adorable à son ame, sans autre raison que celle des loix de la guerre. Mais come elles étoient inuiolables
dans la profession qu'il faisoit: d'vn courage plus animé de fureur,
que de magnanimité, il déchira tout à coup le bandeau de son amour,
effaça à méme tems de son esprit la belle idée de Sophonisba, & se
laissant emporter aux derniers efforts de son desespoir, dona tout à
coup du relache à ses souspirs, pour auoir la liberté de comander
à vn de ses plus confidens, d'aller treuuer Sophonisba, & luy porter
de sa part le present qu'il luy faisoit d'vne boite de poison. Ce cou-
rier de la mort courant aussi vite que cette funéste Déesse treuua la
mal-heureuse Sophonisba dans sa couche, ou plutót dans son tombeau, puis qu'elle ne s'en releua jamais.

D'abord luy ayant presenté cette boite de poison, il luy dit seulement qu'il étoit tems de mourir, & que Massinissa son Epoux luy
en donoit tout à la fois & l'auis, & le moyen pour luy tenir sa parole.

Cette june Princesse à qui la nature auoit doné en partage, &
toutes les beautez, & tous les mal-heurs, receut ce present sans s'é-
toner, & dit seulement à celuy qui le luy auoit aporté, apres l'auoir
fait détremper dans vne coupe, qu'il luy étoit fort agreable, puis que
c'étoit le premier qu'elle receuóit de son Epoux? Mais qu'elle auoit
ce regret d'auoir prolongé ses jours, sans auoir peu acourcir ses
miseres, & de s'étre remariée vne seconde fois à la veille de ses funerailles. Qu'elle le priet de rendre témoignage de ses actions, aussi
bien que de ses paroles à Massinissa, l'assurant qu'elle mouroit en
Reyne, auec le méme courage qu'elle auoit vécu, pour ne demen-
tir pas la qualité qu'il luy auoit donée de son Epouse.

Cette derniere parole luy laissant encore la bouche ouuerte, elle
fut à l'instant remplie du poison qu'elle beut, dont la force détrui-
sant péu à peu celles de sa vie, cette grande beauté qui l'acompagnoit s'éuanoüit auec elle. Ce qui nous fait voir sensiblement que
toutes les qualités dont la nature enrichit vn corps, se détruisent
sans relache auec luy mémes, & à la fin s'éuanoüissent tous ensemble, & de nos yeux & de nostre memoire, comé si nous ne pouuions
conseruer le souuenir de si peu de chose.

L'amour à
beau vaincre
les Dieux, vn
bime aujour-
d'huy le mene
en Triomphe.

Qui sçait
mourir de
bonne grace
n'a pas perdu
le temps qu'il
a employé à
viure.

Maſſiniſſa fut touché de cette perte ? comme s'il ſe fût repenty de
ce qu'il auoit fait, & Scipion n'en eut pas plutôt apris les nouuelles,
qu'il luy repreſenta en particulier la ſeconde faute qu'il auoit faite,
de reparer vn excez d'amour, par vn excez de cruauté, puis ſoula-
geant ſon eſprit affligé de tous les diſcours qui le pouuoient conſo-
ler, il luy fit conoitre l'eſtime particuliere qu'il faiſoit de ſon merite,
& dont des le lendemain mémes il luy dona de ſi fortes preuües,
qu'il ne fut plus en état d'en douter.

Ce fut dans vne Aſſemblée publique, où Scipion preſidant come
chef d'armée, ou plutôt come Conſul qui repreſentoit en cette qualité, l'authorité du Senat, apres auoir loüé hautement ſa vertu, & repreſenté en ſuite les importans ſeruices que ſa valeur &
ſon courage auoient rendus à la Repúblique, luy dona le titre de
Roy, & à méme tems vne coûrone d'or, vn Sceptre, & vne chaire
d'iuoire, auec la robe affectée à cette qualité. Mais pour comble
d'honeur encore, il luy fit conoitre que le prix de ſes faueurs étoit
la premiere recompenſe, dont le peuple Romain auoit gratifié vn
Prince étranger.

C. Lælius receut auſſi également & de ſa bouche & de ſa main
la loüange & la recompenſe qui étoient deuës à ſa vertu, par les
éloges que Scipion luy dona, & par le preſent qu'il luy fit d'vne
corone d'or. Tous les autres Capitaines, & mémes les ſoldats
de marque eurent part à ces reconoiſſances publiques, come ayant
obligé le vainqueur à ſe ſouuenir qu'ils auoient trauaillé auec luy
aux preparatifs de ſon Triomphe.

Maſſiniſſa fut ſi ſatisfait en ſon particulier des honeurs qu'il auoit
receus, qu'il perdit bien-tôt le ſouuenir de la perte qu'il auoit faite, ſe
donant tout entier à ſon ambition, pour afermir ſur ſa téte, à l'aide
de ſa valeur, la courone qui luy auoit été preſentée. Scipion toutefois
receut tout l'honeur & tout le contentement de ces actions de juſtice & de reconoiſſance, s'étant ſatisfait en cela le premier, Et certes
la gloire qui luy en demeura pour ſon interet, fut d'vn tel prix &
d'vn tel éclat, que ſes enemis méme s'acoûtumoient peu à peu à ſoufrir les loüanges qu'on luy donoit, voyant qu'il n'auoit de paſſion
que pour recompenſer la vertu à force de l'aymer, & de punir le
vice à force de le haïr, mais d'vne haine mortele.

Cette grande renomée ne le faiſoit pas moins craindre qu'aymer,
& cette crainte rendoit les Carthaginois ſi humbles, apres tant de
défaites, que ne ſongeant plus aux moyens de conquerir, mais plutôt à ceux de ſe conſeruer eux mémes, ils rapelerent Annibal, auec

resolution de demander la paix à Scipion. Leurs Ambassadeurs le
furent treuuer dans son Camp, & entrant dans sa tante ils se pro-
sternerent d'abord à ses pieds, afin de luy témoigner dans leurs soumissions seruiles, qu'ils étoient en état de subir les loix de ses volontez.

La fortune aussi bien que le tems fait changer de visage à toutes choses.

„ Leur harangue les declara coupables, par la confession de leur
„ infidelité, dont ils s'excuserent sur le mauuais conseil qu'on leur
„ auoit doné. Et en suite elle luy representa que le peuple Romain
„ cherchant sa gloire dans la soumission de ses enemis, plutôt que
„ dans leur ruïne, il auoit sujet de se contenter, puis qu'il les voyoit
„ à ses pieds, vaincus par ses armes, humiliez par la justice des Dieux,
„ & reduits en état à force de misere de luy demander la paix, aux
„ conditions qu'il leur voudroit imposer.

„ Scipion leur répondit que la confession de leurs fautes ne les exem-
„ toit pas de la peine, & que de mémes les excuses qu'ils métoient en
„ auant du mauuais conseil qu'on leur auoit doné, ne les garantis-
„ soient point du blame. Que le peuple Romain veritablement ayant
„ étably les fondemens de sa Republique sur la justice, il faisoit pro-
„ fession de la rendre à vn chacun. Et que c'étoit elle aussi qui l'obli-
„ geoit maintenant dans la défaite de ses enemis, à les punir de leur

La justice ne sçauroit faire grace.

„ infidelité, en leur imposant des loix extrememerit austeres.

Il leur proposa en suite quelques conditions de paix, qu'ils firent
semblan d'agreer pour conclure la treve, & gaigner tems, en atandant l'arriuée d'Annibal, en qui seul ils auoient mis toute leur esperance : Ils enuoyerent encore de nouueaux Ambassadeurs à Rome,

Les Ambassadeurs sont toute sorte de personages, changeant de visage à mé- me tems que leur maistre change d'hu- meur.

à méme dessein de demander la paix auec leurs soumissions ordinaires, pour doner toujours plus de loisir à Annibal de se preparer à
vne derniere bataille, & obliger à méme tems les Romains à se rela-
cher des conditions trop austeres qu'ils leur vouloient imposer.
Tout leur reüssit come ils l'auoient projeté. Annibal fut le dernier
Ambassadeur qu'ils deputerent vers Scipion pour le persuader à faire la paix, ou à son refus luy donner bataille pour terminer la guerre
n'étant plus en état apres tant de défaites, de se défendre par les armes; mais plutôt par la soumission, come l'vnique remede à leur
mal. Les conditions de leur entreueuë ayant été proposées & accor-
dées de part & d'autre, & les lieux destinés à ce pourparler, choisis &
agreez reciproquement, ces deux grands Capitaines; mais les plus
grands sans dispute de toute la terre, se virent; ou plutôt s'admire-
rent également, demeurant tous deux étonnez d'abord à force de
respect.

Certes ils auoient beaucoup de raifon à fe contempler également
durant leur filence reciproque; puis que tous deux comblez d'honeur
& de gloire par vne femblable Renomée, fe feruoient de miroir, où
ils voyoient dedans les Majeftez que la nature auoit imprimées fur
leurs vifages, pour faire adorer de toute la terre leur incomparable valeur. Annibal n'auoit point de pareil que Scipion : & Scipion
ne pouuoit fouffrir de comparaifon qu'auec Annibal. Et comme
ces veritez n'auoient pour fondement que le raport de la gloire de l'vn,
à la reputation de l'autre; cette reciproque reffemblance de vertu,
les rendoit fans doute muets à leur premier abord; ayant plus de fujet de s'admirer, pour contenter leur efprit, que de parler enfemble,
pour terminer leurs affaires. Annibal le plus intereffé fut le premier
qui luy parla en ces termes.

*Scipion, puis que la juftice des Dieux me contraint à demander la paix
au peuple Romain, apres auoir été le premier à luy declarer la guerre. Ie
m'eftime heureux qu'entre tous les grands Capitaines de fa grande Republique, Elle t'ait choify pour me l'accorder. Ie fçay bien que le defir de
venger la mort & de ton Pere, & de ton Oncle, t'ont mis les armes à
la main; & que tu n'aurois point d'honeur maintenant à les quiter, fi tes
enemis vaincus n'imploroient ta clemence, apres auoir trop fouuent éprouué
ta valeur. Mais te voyant aujourd'huy à la veille d'vn dernier triomphe,
ie viens t'offrir, pour en acroître la Pompe & les Trophées, l'homage que
les Carthaginois te rendent par ma bouche; confeffant auec moy que tu es
leur vainqueur. Ie ne veux point te reprefenter de nouueau les auantages
que i'ay r'emportez en Italie; Il me fuffit que tu fçaches, Que fi Carthage
eft épouuentée au bruit de ton nom, le mien a fait trembler Rome autrefois, auec toute fes forces. Ie me foumez à ta fortune : ie me rens à
ta vertu : & quoy que i'ay encore les armes à la main, ie les mets à tes
pieds; aymant mieux prendre ta raifon pour arbitre de nos diferens, que
le fort de la guerre. Ne te fie point au bon-heur qui te fuit : Celuy qui
m'acompagnoit à Canes eftoit fans exemple : il ne fit pourtant que paffer
fur ma téte en la coronant de lauriers. La mort de mes freres & la defola-
tion de ma patrie, les metamorphoferent en Ciprés, pour me rendre aujour-
d'huy deuant tes yeux vn objet de compaffion, apres auoir été autresfois
celuy de ta jaloufie. I'ay triomphé come toy, & come moy auffi tu peus
demain joüer à ma place, le perfonage de fupliant, que ie reprefente.
Ie veus que tu gaignes la bataille, que tu me forceras de doner : quel
auantage en r'emporteras-tu, plus grand que celuy que ie t'offre ? la foumiffion que ie te rens s'adreffe à ton merite, plutôt qu'à ta fortune; & ie*

me confesse vaincu par la justice de tes armes, plutôt que par leur force.
Les Carthaginois recognoissent leur faute, impose leur en la peine; & quoy
que tu sois, & leur partie & leur Iuge tout ensemble, ils ne doutent non
plus de ta probité, que de ta valeur. Pourquoy veus tu tenter le peril
d'vn combat, dont ie te cede la victoire? Les courones que ie te presente
doiuent bien être plus considerables, que celes que la Fortune te promet:
car encore que tu ayes vaincu tous les Capitaines Carthaginois, ie puis
en vn moment reparer & la honte & le domage de leur défaite. Mes forces égalent les tiennes; & si la Fortune se partage dans le combat, tu
n'en r'emporteras que la moitié de la gloire. Fay nous donc justice Scipion;
Annibal est vaincu, puis qu'il le confesse; Carthage est ta captiue, puis
qu'elle te demande la liberté: en accordant la paix à nostre soumißion, tu
termines la guerre à ton auantage? Que sçaurois tu souhaiter en cette
rencontre, que d'auoir pour toy tout l'honeur, & ne nous laisser que la honte. Mais dans le deplorable état où le mal-heur nous a reduits, nous
aymons mieux implorer ta bonté, que reçeuoir la loy de ta fortune.

A ces derniers mots Scipion, beaucoup plus eloquent encore
qu'Annibal, luy respondit de la sorte.

Annibal, i'ay de la peine à croire que les Dieux te forcent à me demander la paix; puis qu'ils me pretent leurs foudres pour te faire la guerre.
Leur justice te poursuiuant aussi bien que moy, il faut de neceßité que tu
la satisfaces, si tu veux me contenter. Il est vray que la mort de mon
Pere & de mon Oncle, m'ont mis les armes à la main, & que ie ne
sçaurois les quitter auec honeur, si ie n'auois contraint toute l'Afrique
à porter le dueil de leur trépas. Mais aujourd'huy que leurs funerailles
se celebrent encore dans ton Camp; apres auoir puny les Carthaginois pour
venger le Peuple Romain, ie te fairay voir, que ie suis disposé à t'accorder la paix, si tu es resolu à subir les conditions qui t'en seront proposées. Ie sçay bien que le seul bruit de ta reputation a épouuenté toute
l'Italie. Que Canes t'a veu Triomphant; & que si la fortune n'eut été
honteuse de te suiure si longtemps, tu eusses peu me doner la loy que ie te
dois prescrire. Mais sçaches, Annibal, que l'innocence est tousiours victo-
rieuse, & que ce que tu apeles mal-heur, en oubliant tes crimes, s'ape-
leroit justice si tu t'en souuenois pour t'en repentir. Ie ne veux point
considerer le bon-heur qui me suit dans mes victoires; & moins encore
me preualoir de ta soumißion, dans mon authorité, fay toy justice le premier; & ie te feray raison. Tu sçais bien que tu plaides vne cause qui
te fait rougir de honte, soutenant des perfides, qui apres auoir violé leur
foy publiquement, ont fait vne habitude de ce crime, au lieu de s'en

repentir. Mais pour te témoigner que le Peuple Romain tire sa gloire de sa
clemence, aussi bien que de sa force, & qu'il sçait faire la paix quand il est
temps, de même que la guerre quand il est juste, repare le domage qu'on
luy a fait, & nostre dispute est terminée. Tu as beau te confesser vaincu, ie ne tire point d'auantage de ta confession, qu'après ta defaite, il
me sufit de sçauoir qu'elle est ineuitable, puis que ie combas pour la raison. Carthage n'est point ma captiue, mais ie porte des chaines pour l'en
faire. Et les Dieux m'ayant promis toutes ces courones de Triomphe que
tu me presentes, j'aime mieux le reçeuoir de leur justice, que de ton humilité. Puis que les Carthaginois confessent publiquement qu'ils ont faily,
il faut que leur peine soit aussi conuë que leur faute : leur repentir ne satisfait que leur conscience; les interessez demandent vne autre sorte de re-
paration. N'implore point ma bonté; ma justice est en regne, ie ne puis
te faire grace sans en auoir besoin moy-méme. Que si les conditions de
paix te semblent aujourd'huy trop dures, demain elles te seront insuporta-
bles, d'autant que ma victoire infaillible t'imposera par force, les mémes
loix que ie te veux prescrire par raison.

Ces discours animez d'vne majesté toute particuliere, come
afectée à la puissance & à la Fortune de Scipion, aussi bien qu'à sa
persone, & à sa vertu, étonerent Annibal, ne sçachant que répondre, pour gaigner sa cause. Il croyoit que Scipion se contenteroit
du seul honeur de ses victoires, sans en conseruer le profit; & que
de la sorte les Carthaginois demeurant toušiours paisibles possesseurs
de l'Afrique, & les Romains de l'Italie come auparauant, chacun
s'en retourneroit chez soy, auec les seules courones de laurier qu'il
auroit remportées pour recompense de ses trauaux. Mais il reconut trop tard à ses paroles, que ce jûne vainqueur ne pouuoit assouuir son ambition, & moins encore moderer l'ardeur de son courage, qu'en Triomphant des Carthaginois : & que le seul obstacle
de la paix étoit l'enuie qu'il auoit de faire toušiours la guerre, puis
que toušiours il en reuenoit vainqueur.

En effet, Scipion ne desirant point auoir vn riual de cette qualité, & dont la Renomée disputoit à la siene la preeminence en tous
lieux, luy proposa des conditions vn peu austeres, quoy que fort
justes; considerant le crime de ceux qui les deuoient reçeuoir. Ce
qui les fit separer toutefois sans resoudre ny la paix ny la treuë.

Ces deux grands Capitaines également ambitieux d'honeur &
de reputation, se faisant vne nouuelle guerre de jalousie, dans le
méme dessein de r'emporter par vn dernier combat la derniere cou-

rone du Triomphe, se preparerent à l'inftant à doner bataille, pour
receuoir de la Fortune, ou plutôt de la Iuftice le prix de gloire qu'ils
difputoient dépuis fi long temps. Tout l'Vniuers en étoit la conquéte & le butin. Rome ou Carthage deuoient comander abfolu-
ment à toute la Terre, & ne pouuant ny l'vne ny l'autre foufrir de
riuale ny de compagne en cette domination, il faloit de neceffité que
toutes leurs forces feparées en deux, decidaffent leur diférent, dont
Scipion & Annibal étoient les feuls arbitres de Guerre, apres auoir
été inutilement ceux de Paix.

Mais chofe étrange, que tout le Monde enfemble diuifé en deux
partis, fit luy-méme les preparatifs, & de fon Triomphe, & de fes
Funerailles, dans le deffain de vaincre ou de mourir. Certes ne vous
étonnez pas fi ie tiens trop long temps vos efprits en fufpens en l'a-
tante de la bataille, ie ne fçaurois diuertir le mien d'vne penfée fi
ferieufe à force d'étre importante. La Fortune ayant encore vne fois

entre fes mains le méme Sceptre de l'Empire du Monde, qu'elle auoit
à donner à Darius ou à Alexandre, l'expofoit ce iour là en veüe à
Scipion & à Annibal, & tous deux armez pour fa conquéte, refpi-
roient egalement apres fa poffeffion. Quel des deux l'emportera ?
Toutes les Nations de la Terre intereffées d'vn côté ou d'autre, faifoient des vœux en faueur de ces riuaux. Mais les Dieux jaloux que
cette volage Deeffe fut abfoluë & Souueraine en cette forte de
rencontres, au mépris de leur authorité, luy ôtant ce Sceptre,
le done à la Iuftice pour en couroner l'Inocence, dont l'Armée de
Scipion portoit les Eftendars.

Les deux Camps en veüe ne parloient à leur façon, par vn bruit
confus & épouuentable, que de combatre. Les Soldats en vouloient
venir aux mains, come s'ils euffent eu de la peine à moderer l'ardeur de leur courage en l'atante du combat. Scipion refolu à la
bataille, s'y preparoit à fon ordinaire, fans témoigner de l'émotion
feulement, que pour la joye qu'il en reffentoit, dans l'efperance de la

victoire. Et Annibal d'vn autre côté fe feruant à propos & du tems
& de l'ocafion, ne trauailloit à autre chofe, mais d'vn foin continuel, puis qu'il y aloit de fon refte. Voicy les ordres qu'ils obfer-
uerent à metre leurs gens en bataille.

Annibal fit vn rempart à fon Armée de quatre vingts Elephans,
pour épouuanter fes enemis, ayant à combatre contre cette forte
d'animaux, dont la hauteur & la groffeur egalement monftreufes,
éfrayoient d'abord les plus courageux. Les Liguriens & les Gaulois
entremelez des tireurs de fonde, étoient rangez en diuers bataillons

derier

deriere ces coloſſes, pour les animer au combat, de la bouche &
de la main : ie veus dire par leur voix & par leurs armes.

Les Carthaginois & les Afriquains, auec la legion Macedoniene
faiſoient tous enſemble le corps de la bataille; & diuers bataillons de
gens de pied Italiens, qui auoient ſuiuy par force Annibal, étoient à
l'arriere-garde, ayant encore à leur queuë vne petite armée d'Infanterie, comándée par ſon Lieutenant : à deſſein en éclairant leurs
actions, d'apuyer leur valeur de ſon ſecours; ou de punir leur lache-
té par ſa puiſſance. La Caualerie Carthaginoiſe, & Numidiene,
ſeparée en deux eſcadrons, entouroit de deux côtez ſon armée, pa-
roiſſant de la ſorte ſi belle, ou pour mieux dire, ſi puiſſante, qu'à la
voir ſeulement on eut été honteux de faire des vœux pour ſa victoire;
puis qu'elle repreſentoit déja l'Image de ſon Triomphe.

Annibal n'eut pas plutót rengé ſes gens en bataille, que pour la
gaigner il voulut les animer au combat auec ſes paroles; atandant
que ſon courage les peut perſuader plus puiſſament auec ſes effets.
Mais comme ſon armée étoit compoſée de differentes nations, & que
chacune auoit ſon langage affecté, & ſon interet particulier; il faloit neceſſairement qu'il ſe fit entendre à toutes, & qu'auec leur
langue encore il leur fit eſperer pour recompenſe, la jouïſſance du
bien qu'elles ſouhaitoient. De ſorte qu'il prometoit aux troupes
Auxiliaires, auec le payement de tout ce qui leur étoit deu, vn ſur-
croy de leur ſolde. Il repreſentoit aux Gaulois la haine mortele
que les Romains auoient conçeuë contr'eux, les ayant deſtinés de
tout tems à ſeruir de victime à leur tiranie. Les Liguriens animez de
l'eſpoir du butin, reçeuoient de nouuelles aſſeurances, que Rome
méme ſeroit leur conquéte. Il imprimoit en ſuite & l'effroy & la
crainte dans l'ame des Mauritaniens & des Numides, leur faiſant
voir leur tombeau ouuert, s'ils tomboient entre les mains de Maſſiniſſa, comme reſolu à ſe venger de leur rebellion. Les Carthaginois ayant pour continuel objet celuy de leur Patrie deſolée, il leur
faiſoit vn noūueau recit de ſes mal-heurs & de ſes miſeres, par la
bouche méme de leurs femes, & de leurs enfáns; à force de leur
depeindre au vif le deplorable état où ils étoient reduits. De maniere que joignant la force de ſon eloquence auec celle de ſes armes, il trouuoit cette inuention dans ſon eſprit, de perſuader ceux
de ſes ſoldats de combatre genereuſement, & de mourir de méme.

Scipion de ſon côté qui ne perdoit pas tems, mit ſes bataillons
des Haſtaires & des Princes, noms propres & affectez à cette ſorte
de ſoldats, au front de ſon armée, étant ſoutenus des Triariens,

tous gens d'élite & de courage. Ces bataillons toutefois, quoy qu'vnis chacun en son corps particulier, auoient leurs bandes separées & distantes de beaucoup l'vne de l'autre, afin que ces espaces vuides seruissent de cariere aux Elephans des enemis; & que de la sorte treuuant le chemin de leur course tout frayé, ils ne fissent que passer sans leur nuire. Le corps de la bataille étoit tout d'Italiens, vieux soldats acoutumez à vaincre & à Triompher, comme ayant vn Capitaine inuincible, dont la fortune acompagnoit inseparablement la valeur. Massanissa comandoit la caualerie étrangere, & C. Lælius la Romaine, faisant tous ensemble, quoy que separement, les deux ailes de son armée. Il auoit mis à son arriere-garde deux legions Romaines, pour animer de leur exemple seulement, les courages timides d'vn nombre infiny de soldats ramassez, dont il se seruoit par necessité. Toutes ces forces jointes à vn corps animé de la valeur de Scipion, donoient de si belles esperances de la victoire, que ses soldats témoignoient autant d'impatience que de courage, pour en venir aux mains. Mais auant que doner bataille il leur fit cette harangue.

⚜ ⚜ ⚜ ⚜ ⚜ ⚜ ⚜ ⚜ ⚜ ⚜ ⚜ ⚜ ⚜ ⚜ ⚜ ⚜ ⚜ ⚜

HARANGVE DE SCIPION
à ses Soldats.

MES COMPAGNONS D'HONEVR ET DE FORTVNE, Puis que les Dieux se veulent seruir aujourd'huy de nos armes victorieuses pour punir la perfidie de nos enemis, faisons voir à toute la terre que nous l'auons dépeuplée de ses Monstres; & qu'il n'apartenoit qu'à nostre valeur de paracheuer leur Tombeau. Si la necessité nous attire au combat, la Iustice nous apele au Triomphe; mais pour en meriter les Courones, il la faut venger en châtiant ces criminels. Que pouuons-nous craindre ayant à combatre des ames lâches & mercenaires qui se sont desia voüées à la fuite, comme à leur Deesse Tutelaire, croyant éuiter le mal-heur qui les suit? Et que ne deuons-nous pas esperer, puis que tout cede à nostre fortune? Ie veus que le desespoir où nos enemis sont reduits leur done du courage; le nostre inuincible leur faira bientôt conoitre, que tous leurs efforts sont inutiles; puis que nos coups sont tous mortels. Ie ne vous representeray point l'interet de nostre Patrie, inseparable de celuy de nos femes, & de nos enfans. C'est vn objet & de gloire & d'amour, qui s'imprimant de soy-méme dans nos entrailles, ne nous peut

doner que de sentimens d'vn courage nonpareil, & d'vne valeur sembla-
ble, à la ruine de nos enemis. Il me sufit de vous inuiter aujourd'huy à
leurs funerailles, puis qu'ils sont déja morts de peur. Nous auons pa-
racheué leur Tombeau ; alons les enseuelir dedans : & apres y auoir écrit
dessus leur epitaphe, de leur propre sang, alumons ce funeste flambeau
qui doit reduire en cendres Carthage. Ie puis vous apeler Inuincibles,
ayant toujours Triomphé de vos enemis ; ne perdez point ce titre d'ho-
neur qu'auec la vie : Ie ne sçaurois vous renoir aujourd'huy que morts,
ou vainqueurs.

Cette Harangue anima si fort ses soldats au combat, que ne pouuant tout à coup moderer cette violente ardeur de courage, dont ils étoient également enflamez, ils seruirent tous ensemble de Trompete pour doner le signal de la bataille ; & firent éclater si haut leur voix dans l'air, que le bruit effroyable mit d'abord en fuite vne partie des Elephans des enemis, apres leur auoir fait tourner teste contre eux. Ce desordre qu'ils causerent, suiuy d'vn domage irreparable, seruant d'ocasion à Scipion, il comença le premier l'ataque : mais il fut suiuy de si pres de Massanissa, auec sa Caualerie Numidiene, que tous ensemble mirent en deroute d'vn côté les premiers bataillons des enemis, quelque resistance qu'ils oposassent à leurs forces.

Le reste des Elephans cependant, s'étant tenus fermes à ce premier bruit, & émeus de cholere seulement, ils en faisoient ressentir la fureur & la rage aux Romains ; foulant aux pieds tout ce qu'ils trouuoient en leur chemin. Scipion y auoit doné si bon ordre, que ces bestes ne les pouuoient endomager que dans leurs agonies, lors qu'elles tomboient de foiblesse, ecrasant sous elles tout ce qu'elles y trouuoient, auec le méme effort que fairoit vne muraille. De sorte que se rendant toujours redoutables, soit en leur rencontre, soit en leur cheute, les Romains forcez à se tenir sans cesse sur leurs gardes pour en éuiter la surprise, en étoient autant foibles, que leur preuoyance arrétoit leur esprit en la pensée de ce peril. Ce qui donoit d'vn autre côté des nouuelles forces aux Carthaginois, apres auoir reparé en quelque sorte le domage qu'ils auoient encouru de leurs Elephans. Ce n'est pas que Scipion & Massanissa ne se fussent fait iour auec leur Caualerie, dans les plus épais bataillons des Liguriens & des Gaulois : Mais Annibal qui auoit également & les yeux & l'esprit par tout, étant acouru à leur secours, suiuy des Numides, dont vne partie de sa Caualerie étoit composée, sa pre-

Les batailles representent en terre la cholere de Dieu, d'où vient qu'on apele la guerre un de ses fleaux.

fence feule, quoy que muete, auoit rapelé les premiers fuyards au combat, & animé à méme tems par l'exemple de fa valeur à difputer également les courones de la victoire. Scipion toutefois, qui croyoit étre vaincu de fes enemis, quand il n'en triomphoit pas, ne pouuant plus fouffrir que l'ataque & la refiftance fuffent égales, s'abandonoit fi auant dans les perils, qu'à force de courage feulement, il épouuentoit les plus hardis; n'en ayant pas affez pour foutenir l'effort du fien inuincible. D'ailleurs comme il étoit On a beau foutenir que la Nature ne fe dement jamais, il n'eft rien de plus cruel à l'home que l'home méme. fuiuy de Maffaniffa & de fa Caualerie, d'auffi pres que fon ombre; & qu'vn chacun à l'enuy, ayant fa valeur incomparable pour objet, s'efforçoit à l'imiter, ces efforts luy étoient fi vtiles, que peu à peu ils luy firent voir les preparatifs de fon Triomphe. Les Liguriens & les Gaulois, raliez diuerfes fois, fe mirent en déroute vne derniere; & déja le corps de la bataille d'Annibal émeu des cris des fuyars, auffi bien que des vainqueurs, començoit à branler; lors qu'il vint luy-méme pour luy doner le mouuement, dont fa valeur luy faifoit les regles: Car fans mentir, apres auoir doné fes ordres, il les executoit le premier auec tant de courage, que les plus laches, qui n'ofoient encore toutefois auancer, fe fentoient mourir du regret de leur propre honte. Ce fut alors qu'au funefte combat de ces deux grands corps de bataille, des Carthaginois & des Romains, l'ataque en parut & fanglante & mortele: Tous animez d'vn méme honeur, combatant fous fes Enfeignes de- La Terre eft vn Autel de Sacrifice, où fans ceffe la Iuftice Diuine nous immole en expiation de nos crimes. fendoient leur vie, pour defendre leur Patrie? & comme s'ils la portoient dans leur fein, auffi bien que l'amour qu'ils auoient pour elle, chacun fe faifoit vne nouuelle épée de fa valeur, & vn fecond bouclier de fon courage, pour vaincre fon enemy, étant celuy là méme de fa Republique. Scipion, auoit beau paroitre ce coup là inuincible, l'on croyoit qu'Annibal étoit immortel: Et fi l'vn franchiffoit heureufement toute forte de perils, à force de valeur; l'autre ne trouuoit point d'obftacle qui s'opofat à fon courage. Maffaniffa faifoit toujours des merueilles; & Roboranez Lieutenant d'Annibal en augmentoit le nombre. Il eft vray que les Romains habituez à vaincre, auoient bien quelque forte d'auantage, foit en leur ardeur, foit en leur adreffe; mais les Carthaginois auffi animez du fouuenir de leurs defaites continueles, & preffez encore de nouueau du defefpoir de leur falut, s'excitoient également par vn dernier effort, à refifter à toutes leurs ataques. De forte qu'on voyoit de tous côtez de monceaux de morts, qui peu à peu croiffant, fe formoient en montagnes. Et chofe étrange, que

la mort

la mort qui étoné les plus hardis, donat du courage aux plus
laches, dans cette funeste rencontre. Les Romains sans palir seulement fouloient les corps mors de leurs compaignons & s'en feruoient encore, comme d'vn Theatre pour y representer dessus à
leur tour, la tragedie de leur valeur, en y faisant chacun le personage & de soldat, & de Capitaine : les Carthaginois aussi de méme
atains de blessures morteles, paressoient si vaillans dans leurs agonies, qu'ils combatoient toujours en mourant, comme si leur courage inuincible leur communiquoit quelque nouuel esprit de vie,
pour resister encore quelque tems à la mort.

Dieu donne
le courage
aussi bien que
la victoire
à ceux qui
doiuent tri-
ompher.

Quel funeste spectacle remplissoit également l'Air & la Terre,
d'horreur & d'effroy, de cris & de plaintes, de douleur & de pitié,
de sang & de morts. Les vns seruant de Tombeau aux autres, les
couuroient d'eux-mémes, & rendoient leurs abois, faute de secours, sans étre blessez que de leur cheute. Ceux-cy, n'ayant
plus de bras se defendoient des pieds, aymant mieux les employer
de cette sorte à cét vsage pour conseruer leur honeur, qu'à fuir
pour sauuer leur vie. Et ceux-là tombez à terre, seruant de pont
& de chaussée dans vne mer de sang, à vn nombre infiny de cheuaux qui passoient sur eux, auoient ce courage en jetant leurs derniers soupirs, de les blesser d'vne derniere atainte ; comme s'ils
pretendoient encore dans leurs agonies, à l'honeur du Triomphe.

Scipion & Annibal, tous couuers & de sang & de poussiere,
se trouuoient également étonez dans vn combat de si longue resistance ; chacun pretendoit à la victoire, quoy que les auantages fussent diferens. Ce qui les animoit de noúueau auec tant de violance, à faire parétre à l'ennuy les merueilles de leur courage, &
les miracles de leur valeur, qu'eux mémes en sortant triomphans
des perils qu'ils auoient franchis, par vn excez de bon-heur, eussent creu tous deux qu'ils étoient immortels, si la mort n'eut sans
cesse immolé deuant eux leurs compaignons de condition, & de
Fortune. Les Carthaginois toutefois, destinez à seruir de victime
à la Iustice des Dieux, perdirent peu à peu courage, & començant à reculer, leurs fortes ataques se terminerent tout à coup en
des foibles resistances ; & puis en vne resolution de fuite, qui pa-
ressoit violente à la mesure des forces, dont ils étoient combatus
& poursuiuis. Cette seconde déroute pourtant ne donant que des
indices aux Romains du gain de la bataille, ils étoient toujours en
atente de la victoire, dont les Carthaginois lassez, plutôt que vaincus, disputoient encore les dernieres courones. Le noúueau de-

L'ambition
d'honeur est
vne si douce
maladie, que
les cœurs qui
en sont atains
n'en veulent
jamais guerir.

N

sordre que les Elephans causoient dans leur Caualerie, termina
enfin le combat à leur desauantage, & C. Lælius qui se seruit à
propos de cette ocasion suiuant auec sa Caualerie, la cariere du Triomphe que ses bestes luy auoint faite, dona le dernier branle à tout le
corps de l'armée enemie, pour la ruiner par sa fuite.

La reputation des hommes à son flus & reflus, comme la mer, & comme elle aussi ils changent à toute heure de visage.

Annibal qui preuoyoit trop tard sa defaite, auoit beau r'animer
le courage de ses soldats, au son effroyable de sa voix enroüée, ils
ne combatoient plus pour la victoire, mais plûtôt pour la defence de leurs vies, & comme ils ne pouuoient agir qu'à la mesure de
leurs forces, dont la longueur du temps auoit peu à peu détruit la
vigueur, tous leurs efforts alantis en vn instant ne faisoient qu'ir-
riter de plus en plus leurs enemis, qui les immoloient à leur fureur,
sans treuuer de la resistance: De sorte que reduits à l'extremité de
se sauuer en fuyant, ils se resolurent les vns à l'exemple des autres,
& tous ensemble à la fin par necessité, à prendre ce party. Annibal tout transporté de cholere, ou plûtôt de fureur, & de rage,
dans vne telle rencontre, se voyant vaincu auec vn courage inuincible, s'efforçoit encore à ralier en troupe ces fuyars, pour retarder de quelque tems sa defaite, plûtôt que pour remporter l'honeur du combat. Et sa conduite en cette rencontre aussi admirable que sa valeur, faisoit voir encore de si puissans efforts de resistance en tous les soldats qui le suiuoient, quoy qu'en petit nombre, que les Romains étoient honteux au milieu de leur Triomphe
d'en faire éclater si haut les cris d'alegresse, puis qu'Annibal tout
seul à la fin, auoit la hardiesse de les ataquer, de les combatre, & de
leur resister, comme si, ne pouuant gaigner la victoire, il eut voulu forcer ses enemis à confesser, que s'ils en remportoient tout le
profit, il auoit part à la gloire. La necessité le contraignit toutefois à courre le sort de ceux qui s'étoient sauuez à la fuite, considerant dans son mal-heur qu'il pourroit seruir sa Patrie desolée,
par ses conseils, puis que ses armes n'auoient plus de puissance.

C'est vn spe-ctacle digne d'vn Dieu, de voir vn hom-me mal-heu-reux, comba-tre genereuse-ment sa mau-uaise fortune.

Scipion qui s'étoit laissé emporter à l'ardeur de son courage,
dans la poursuite des fuyars, comme les voleurs d'vne partie de ses
couronnes, se lassa à la fin en cette course, apres auoir assouuy sa
genereuse fureur des victimes qui s'abandonoient à sa mercy, pour
le vaincre de compassion, n'ayant pû en triompher d'autre sorte,
& s'en reuint victorieux dans son champ de bataille, où ses enemis mesme mourants en foule, auoient erigé de leurs corps vn nom-
bre infiny d'Autels à sa Renommée. Mais representez vous maintenant d'imagination, & de pensée,

le funeſte ſpectacle de vingt mille hommes mors giſans ſur la place, & tous couuers de leur propre ſang. Iamais Scipion pourtant, quelque fortune qui l'eut acompagné en ſes victoires, n'auoit pû treuuer qu'en ce ſeul objet, vn miroir qui repreſentat au naturel & ſa valeur & ſon courage. Ce qui l'eut obligé ſans doute, d'arreter longtemps ſes yeux deſſus, ſi ſon ame vrayment genereuſe, n'eut eu des ſentimens de pitié, n'en pouuant plus auoir de cholere.

Le domage de cette defaite fut de tres-grande importance aux Carthaginois, ayant perdu auec la bataille l'eſperance d'en dôner vne autre, pour tenter la fortune vne derniere fois. Vingt mille hommes y demeurent ſur la place, & l'on en fit autant de priſonniers. Cent trente-trois Enſeignes furent le butin d'honneur de Scipion, auec vnze Elephans, comme deſtinez à trainer le char de ſon Triomphe. Ce vainqueur toutefois acheta cette fameuſe victoire de dix mille Romains, mais pour ſa conſolation auec ce petit nombre de ſoldats, il auoit defait tous les Carthaginois enſemble, ruiné Carthage & contraint Annibal à luy demander honteuſement la paix.

Ce n'eſt pas que ce grand Capitaine, grand veritablement en toutes choſes, n'eut eterniſé tout à la fois, & ſa gloire & ſon nom dans cette bataille, par des actions & de prudence & de valeur, qui n'euſſent peu treuuer d'exemple, ſi Scipion ne l'eut touſiours preuenu, pour en acquerir la premiere loüange : quoy que luy même aduoüat publiquément à l'auantage de ce fameux enemy, que dans ſa defaite il auoit vaincu la Fortune, en luy arrachant par force des mains vne partie des courones de la victoire. Et en effet Annibal ce jour là ſe rendit ſi admirable à ſes enemis, que ſouuent ils croyoient que ce fut Scipion, le voyant infatigable dans le trauail, inuulnerable dans le combat, inuincible dans le peril, & hors de pareil & pour la valeur & pour le courage. Ce qui métoit à ſi haut prix la gloire de ſon vainqueur, qu'on n'y pouuoit rien ajouter comme étant au plus haut degré de l'eſtime.

Le bruit de cette victoire remplit également Rome & Carthage, celle-là de joye, & celle-cy de triſteſſe : de ſorte que les orphelins & les veſues qui portoient encore le düeil de la bataille de Cânes, le quitant ce jour là, de nouuelles veſues, & d'autres orphelins le priſent à leur tour, mais pour ne le quiter jamais : püis que leur perte étoit irreparable.

C. Lælius en porta les nouuelles au Senat de la part de Scipion, & jamais meſſager n'en fut chargé de plus agreables, ny de plus

vtilés? aussi furent elles reçeuës auec tant d'alegresse de tout le
peuple, qu'il se fit à méme tems vn calandrier particulier pour
y marquer vn nombre infiny de jours de fête, qu'il destinoit à celebrer celle d'vne si grande victoire, à l'honeur de la Republique,
& à la loüange de Scipion.

Annibal étant r'apelé à Carthage, après sa defaite, representa
au Senat les miseres de la Republique, auec de termes si pressans,
que d'abord il se fit faire silence, quoy qu'il peut étre interompu
par le bruit des sanglots & des soupirs, dont le peuple frapoit l'air
incessament. Et comme il eut fait conoitre qu'on étoit reduit en
état de demander la paix aux Romains auec humilité, il imposa
encore vn noüueau silence à ceux qui auoient déja la bouche ouuerte pour persuader la guerre. De sorte que d'vne commune voix,
on enuoya dix Ambassadeurs vers Scipion, auec ordre exprés de
ne porter les interets de la Republique que dans la soumission, qui
étoit deuë à ce superbe vainqueur, s'humiliant pour Elle, jusques
à ses pieds, pour toucher son cœur genereux, à l'objet d'vne deferance si seruile.

Ils ne furent pas plutót embarquez à ce dessein, que rencon-
trant Scipion, qui aloit d'Vtique, au port de Carthage, pour l'é-
pouüenter seulement de ses regards, comme autant d'éclairs auan-
coureurs de la foudre, dont elle seroit bientót reduite en cendre,
ils aborderent sa Nauire, & luy demandent audiance; mais il

leur fit réponce, qu'ils le vinsent treuuer à Tunes, où il aloit
planter son Camp, & suiuant sa route, se donna le contentement
de voir de loin Carthage, cette superbe, humiliée à ses pieds, comme reduite à sa mercy. Il arresta long-temps les yeux dessus, considerant le butin de sa victoire, par le prix de cette conquéte, dont
la defaite d'Annibal le métoit en possession. Qui eut peu exprimer
le contentement qu'il prenoit à voir en vn seul objet, des limites
de son ambition, l'acomplissement de ses desirs, & le succez de ses
esperances: Car sur les ruines de cette ville il se contemploit assis
sur le Trône que sa valeur luy auoit erigé, pour luy prescrire souuerainement des loix de seruitude. Ce qui terminoit tout à coup
ses pretentions, soit pour son honeur particulier, soit pour l'vtilité
de la Republique.

Il fit voile à méme tems toutefois, & s'enrquint à Vtique, d'où
prenant sa route vers Tunes, il eut aduis que Vermine, fils de Syphax, s'en venoit au secours des Carthaginois, auec vne noüuelle
armée. Ce qui l'obligea de luy aller au deuant suiuy de toute sa

Caualerie

Caualerie & d'vne partie des legions Romaines, qui faisoient ses plus grandes forces.

La Fortune qui l'acompagnoit inseparablement par tout pour couroner sa valeur, le fit bientôt Triompher de ce nouuel enemy, apres l'auoir defait auec toute son armée, dont quinze mille hommes demeurent sur la place. Quinse cens cheuaux Numidiens firent vne partie du butin de cette victoire, sans conter douze cens prisoniers, & soixante douze Enseignes, qui en augmenterent de beaucoup & le prix, & la gloire. Vermine toutefois plus heureux dans la fuite, que vaillant dans le combat, abandonant sa reputation, ayma mieux prolonger sa vie, qu'encourir vn glorieux trépas.

Scipion tout chargé de Iauriers s'en retourna à Tunes dans son Camp, n'ayant plus d'enemy à combatre. Annibal auoit beau regner encore souuerainement dans Carthage, il ne portoit le Sceptre de cette souueraineté à la main, que pour le metre aux pieds de son vainqueur, puis que tous les Carthaginois ensemble n'auoint d'autre liberté que celle d'agreer les loix de seruitude qu'il leur voudroit imposer. Certes jamais Capitaine Romain ne s'étoit veu ny si glorieux, ny si Triomphant que Scipion. Representez vous son bon-heur, la Fortune n'auoit plus de couronesà luy doner: considerez sa puissance, toute la terre en reconoissoit auec soufmission l'authorité. Si vous arrestez vostre esprit sur la grandeur de sa Renomée, Elle faisoit tous les iours le tour du monde, de méme que l'astre qui l'aiclairoit. Que si Cæsar disoit de luy mémes, *qu'il étoit venu, qu'il auoit veu, & qu'il auoit vaincu.* Scipion l'encherissant de beaucoup, pouuoit soustenir auec plus d'auantage, Qu'étant venu celebrer les funerailles & de son Pere, & de son Oncle, il auoit assisté tout à la fois à celle de ses enemis, les ayant veu enseuelir, & vaincu vne derniere fois leur dernier Capitaine.

Les Ambassadeurs Carthaginois cependant informez de la defaite de Vermine, fils de Syphax, qui étoit tout leur apuy, n'auoient pas besoin de noüueaux memoires pour terminer leur Ambassade, puis que leur mal-heur en cela, les intruisoit assez. Ils vindrent treuuer Scipion en son Camp à Tunes, où il leur dona audiance. Mais d'abord ne s'étant prepayez qu'à garder humblement le silence, dans la soumission ou ils étoient reduits pour faire parler leurs cœurs les premiers, comme beaucoup plus éloquens que leurs langues. Ils temoignerent que le regret de leurs fautes, aussi bien que l'excez de leur mal-heur les rendoit également & muets, & con-

O

Ce que les hommes apelent fortune selon leur façon d parler, porte le nom de Prouidence selon le langage de la verité.

Quand la vertu jette les fondemens de nostre reputation, elle est à l'epreuue de toutes choses.

fus, deuant vn Iuge ſi ſeuere. De ſorte que demeurant longtemps
à parler, quoy que leur action humiliée, eut déja comencé leur
harangue, ils obligerent Scipion de s'enquerir du ſujet de leur
Ambaſſade. A lors preſſez de s'exprimer en autres termes, ils luy
„ dirent ſeulement: Qu'ils luy demandoient la paix, & qu'étant cri-
„ minels & mal-heureux, ils la receuroient & pour ſoulagement, &
„ pour grace, aux conditions qu'il luy plairoit.

Ces propoſitions, quelques juſtes qu'elles fuſſent, partagerent
les eſprits dans le Conſeil; les vns concluoient à la ruine entiere
de Carthage, & les autres à la punition ſeulement, apres luy auoir
óté le moyen de comettre de pareille faute; Et en effet chaque
party auoit aſſez de raiſons pour ſoutenir ſon aduis. Mais Scipion
qui penetroit plus auant, & qui n'aſpiroit qu'à l'honeur de ſauuer Carthage, en la tenant toujours captiue, comme vn objet continuel & de ſa clemence, & de ſa valeur, reſolut de leur acorder
la paix, s'y ſentant forcé d'ailleurs par la conſideration du nouueau
Conſul qui luy deuoit bientót ſucceder, lequel ſans doute, comme vn Riual de ſa gloire, paracheueroit à ſon auantage particulier, ce bel ouurage de victoire, & de Triomphe, que ſes ſoins &
ſes veilles auoient ſi heureuſement comencé. De ſorte que le
lendemain, à leur derniere audiance, apres leur auoir repreſenté
l'enormité de leur crime, & la juſtice que les Dieux auoient exer-
cée pour les en chatier, comme arbitres ſouuerains des querelles
des Peuples, il leur propoſa ces conditions de paix.

Qu'on les laiſſeroit iouir de leurs anciens Priuileges auec toute
ſorte de liberté; Que la poſſeſſion de toutes leurs villes & de toutes leurs terres, dans leurs limites ordinaires, leur ſeroit conſeruée,
& que de ce méme jour les Romains ny entreroient plus en armes,
pour les troubler dans leur jouïſſance: Qu'ils luy liureroint les Romains reuoltez, & refugiez dans leur pays, auec tous les priſonniers de guerre: Qu'ils luy doneroint tous les vaiſſeaux armez d'e-
peron pour en diſpoſer à ſa volonté, ſans ſe reſeruer que dix Galeres, comme auſſi tous leurs Elephans domtez, apres s'étre engagez de promeſſe, de n'en domter jamais d'autres: Qu'ils ne fai-
roient de là en auant aucune guerre, fut ce dedans ou dehors
l'Afrique, ſans le conſentement du Peuple Romain: Qu'ils rendroient à Maſſaniſſa tout ce qui luy apartenoit, en contractant
vne nouuelle aliance auec luy: Qu'ils doneroient la valeur de
ſix millions d'ecus en argent, à termes & payemens egaux durant cinquante ans: Qu'ils rendroient les Nefs de charge qu'ils

auoient prifes durant la treve, auec tout ce qui eftoit dedans : Qu'ils fourniroient le bled neceffaire à la nourriture des foldats de fon Camp, auec l'argent pour payer la folde, jufques à leur retour de Rome : Et que de fa part il leur acordoit en atandant vne fufpenfion d'armes, apres luy auoir doné cent oftages de fon choix, pour affeurances de leurs promeffes.

Ces conditions de paix, quelques aufteres quelles fuffent, ayant été reçeuës auec humilité, les Ambaffadeurs s'en retournent à Carthage, ou en plain Senat la lecture en fut faite. D'abord les foûpirs & les larmes, les cris & les plaintes, leur reprocherent honteufement le mal-heureux fuccez de leur voyage, preferant la guerre à cette paix; Et déja Gifcon vn des plus fignalez de l'Affemblée croyant s'en rendre encore d'auantage, s'eforça de perfuader le peuple de prendre les armes, & de fe perdre glorieufement auec fa Patrie, plutót que de la voir captiue dans leurs mémes fers. Mais délors qu'Annibal parut fur la tribune des harangues, en action d'en vouloir dire fon auis ; tout ce peuple tint fon jugement en fufpens, auant que fe determiner à reçeuoir la paix, ou à confentir à la guerre. Et certes ce grand Capitaine parut fi élo-quent à exprimer le déplorable état de fa Republique, comme inftruit par l'Experience, cette maiftreffe d'Echole qui n'à jamais fait de mauuais echoliers, que Gifcon méme, vaincu le premier à force de raifons, n'eut pas le courage de fe reffentir de l'afront qu'Annibal luy auoit fait, en le pouffant du haut en bas des tribunes. Tous d'vne comune voix confentirent à leur feruitude, pour apai-fer de leur foumiffion la cholere des Dieux. A quoy fe pouuoient ils refoudre, Scipion étoit à leurs portes, auec le flambeau d'vne main, & l'épée de l'autre pour les reduire en cendres, ou les noyer dans leur propre fang, & reduits à l'extremité d'encourir cette peine? n'étoient ils pas forcez de l'euiter par leur captiuité, puïs que fes liens auoient cette vertu d'enchener auec eux la puiffance de leur vainqueur, en luy ótant la volonté de leur nuire. Ils fuiuirent auffi le fage confeil d'Annibal, comme le plus intereffé au falut de fa Republique, ayant vieilly dans les foins continuels d'en jetter de folides fondemens.

Les mémes Ambaffadeurs Deputez vers Scipion, furent enuoyez à Rome pour obtenir du Senat la paix qu'il leur auoit fait efperer, aux conditions propofées & acordées; mais apres leur audiance, il fut arreté qu'ils concluroient la paix auec luy, comme en ayant & l'autho-rité & le pouuoir. Ce qui les fit metre de nouueau en chemin pour voir promtement vn heureux succez de leur Ambassade. Ils receurent toutefois du Peuple Romain le magnifique present de la rançon de deux cens prisoniers Carthaginois, choisis à leur discretion, parmy vn grand nombre d'autres, ayant doné ordre à cét effect à Scipion de les leur liurer, délors que la paix seroit arrestée, soubs la caution des ostages. Present certes digne de la grandeur d'vne si fameuse Republique.

Ce traité de paix si important conclu aux conditions proposées, & les ostages mis sous seure garde, les Carthaginois liurerent tous leurs vaisseaux aux Romains, fors dix Galeres, & Scipion eut le plaisir de voir de loin la fumée des flames qui les reduisirent en cendres par son comandement. Et à n'en mentir point, les feux de joye qu'il auoit alumez de sa propre main dans le Camp de Syphax, ne luysoient pas à ses yeux d'vn éclat si beau, puis que ceux-cy étoient autant de flambeaux mortuaires, dont sa valeur se seruoit pour celebrer vne derniere fois, les funerailes de tous ses enemis.

Mais representez vous maintenant la tristesse que le méme objet de ces flames deuorantes causoit dans les cœurs des Carthaginois, qui en étoient les spectateurs. Certes ils pouuoient bien dire que c'étoient autant de Buchers alumez pour embraser Carthage, puis que son honeur, sa reputation, sa force, & sa puissance faisoient naufrage sur l'eau, auec tous ses vaisseaux, dans ce deluge de feu. Quel suplice de se voir contraint à force de mal-heur, & de misere, d'executer sur soy méme vn Arrest & de ruine & de captiuité. Carthage jadis triomphante se condamnoit elle méme à porter éternellement les pesantes chaines d'vne honteuse seruitude. Que dis-je, qu'Elle se condamnoit, on la contraignoit encore

par vn surcroit d'infortune, à fournir le bois du bucher qui la deuoit reduire en cendres? qu'eut on sçeu ajouter à sa desolation. Mais quoy? la Iustice des Dieux ne pouuant treuuer des limites pour leur vengence dans le tombeau de ses criminels, Elle vouloit encore que la terre de leur naissance fut vn nouueau sepulcre de leur gloire ou la Posterité leut ces veritez pour Epitaphe. *Que l'Afrique conquise, qu'Annibal vaincu, & la perfidie des Carthaginois punie par la valeur de Scipion, sa Clemence seule auroit pardoné à Carthage, apres l'auoir assujetie pour vne eternité, sous les loix de l'Empire Romain.*

Enfin Scipion eut seul l'honeur, apres tant de batailles, où la plus grande partie du monde auoit été immolée pour s'assujetir l'autre, d'en demeurer vainqueur, & triompher auec sa Republique

que de tout l'Vniuers. Il refpiroit heureux & content à la veille de
ce beau jour, où fa gloire dans fon éclat, deuoit parétre fur le
Trone que l'on luy auoit preparé: Et Rome méme, voulant feruir
de Theatre à cette Magnificence, quoy qu'Elle en fut le fujet,
s'étoit déja parée de fes plus riches ornemens, à l'honeur d'vne
fi grande féte, ou plutôt à l'auantage de celuy pour qui feul, Elle
la celebroit. Lors que les nouuelles de fes aproches depeuplerent
tout à coup les villes & les villages voifins, atirant tout le monde à fon admiration, au feul bruit de fa Renomée. De forte que
Rome, qui la prémiere auoit fait les preparatifs de fon Triomphe,
fut la derniere à le reçeuoir, ayant été preuenuë de toutes les autres, qui à l'enuy luy firent des entrées de cris de joye, & d'aclamations d'alegreffe, dont le zele fupleant au defaut de la pompe,
ne fut pas moins agreable.

Veritablement Scipion comença d'entrer en triomphe dans
Rome, délors qu'il mit pied à terre, pour entrer dans l'Italie: Car
comme il portoit la paix auec les chaines, dont il auoit affujety
tous ceux qui étoient capables de luy faire la guerre, on couroit
en foule au deuant de luy, & les Enfans méme, qui ne pouuoient
marcher, animez de l'exemple de leurs Meres, fe faifoient porter
fur leurs bras à force de cris, pour contribuer de leur prefence
feulement, à vne rejouïffance fi publique. Voicy l'ordre qui fut
obferué à fon entrée.

Vn grand nombre de foldats armez richement, & couronés de
chapeaux de fleurs, marchoient les premiers à la fuite des Trompetes, qui au doux bruit de leurs fanfares excitoient la curiofité
des plus malades à metre la téte à la fenétre, pour étre rauis de
joye, à force d'admiration. Deux cens chariots chargez des dé-
pouilles des enemis, & trainez par diuerfes fortes d'animaux, qui
fuiuoient apres, éclatoient fi fort en pompe, aux yeux du Peuple, qu'il en demeuroit tout éblouy. Douze Elephans fe faifoient voir en leur rang, portant fur leurs dos les principales villes, reprefentées en relief, que Scipion auoit prifes d'affaut, ou
conquifes par la feule force de fa Renomée: Et à la veuë de fes
fuperbes Citez, où l'Art faifoit admirer fon chef-d'œuure, chacun
auoit de la peine à conçeuoir la grandeur de la ville de Rome,
puis que les plus belles d'Afrique étoient enclofes dans vne feule
de fes ruës. Diuerfes compagnies de foldats couronez des courones d'or, que les villes fujetes & aliées du Peuple Romain leur
auoient donées, pour recompenfe de leur valeur, pareffoient en

ſuite, mais auec tant de grace, qu'en paſſant, chacun leur jétoit encore ſur la téte des nouuelles courones de fleurs, pour les recompenſer de nouueau. Vn grand nombre d'autres Elephans, & de bœufs blancs, conduits par des eſclaues, augmentoit toujours l'éclat de cette Magnificence. Les Princes Numidiens & les plus aparans des Carthaginois enchainez deux à deux auec des chaines d'or, marchoient à leur rang, & quoy que leur ſort fut deplorable, ſe voyant reduits à vne ſi dure captiuité, ils étoient ſi fort conſolez de la gloire de leur vainqueur, qu'ils ſubiſſoint ſes loix ſans contrainte. Tout le reſte des trompetes de l'armée ſuiuoit quatre à quatre auec vne liurée de Triomphe, & le ſon qui en éclatoit dans l'air, le rendoit ſi doucement ſenſible aux oreilles, que les cœurs ſe trouuoient charmez auſſi bien qu'elles, par l'effort d'vn méme rauiſſement. Les plus aparans de l'armée veſtus d'vne Robe de poupre, & couronez d'vne courone d'or, deuançoient le Char de Triomphe, où comme ſur vn Trone tout de lauriers, le Dieu Mars ſe faiſoit admirer ſous le viſage de Scipion, ne pouuant étre repreſenté au naturel, que par ſon Image. Son Char de Triomphe auſſi éclatant que celuy du Soleil, étoit trainé par quatre cheuaux blancs. Ie dy auſſi éclatant que le Soleil, puis que ce jûne vainqueur, qui étoit aſſis deſſus, veſtu d'vne robe de pourpre, couuerte de pierres pretieuſes, & la téte couronée d'vne courone d'or, enrichie de diamans auec vn Sceptre d'iuoire à la main, n'auoit pas moins de majeſté que ce Dieu de lumiere; Et ſans doute l'éclat dont il étoit enuironé, joint à la grace qui animoit ſon action, l'eut fait prendre pour Apollon, ſi ſa valeur dont on celebroit la féte n'eut publié inceſſament par tout, au bruit de ces trompetes, & à l'objet de tant d'enemis vaincus, que c'étoit en effet le Dieu Mars, en ayant acquis toute la gloire. Sur des nouueaux chariots trainez par des Eſclaues, il y auoit vn nombre infiny de Muſiciens, parez ſuperbement, qui chantoient & joüoient de diuers inſtrumens, auec tant de melodie, que les eſprits charmez également, & par les yeux & par les oreilles; ne ſçauoient à qui ſe rendre, ou à l'admiration de tant de raretez, ou à l'ouye d'vne ſi douce armonie. Le Portrait du Roy Syphax, qui étoit mort en priſon ſe voyoit éleué ſur vn Autel de Sacrifice, comme en ayant été luy méme la victime par la juſtice des Dieux. Quatre eſclaues étoient chargez de cé fardeau. Annibal vaincu, ſe faiſoit voir en ſuite dans toutes les Enſeignes de ſon armée, que ſes ſoldats enchainez portoient ſur leurs épaules. Ce qui donoit vn ſi grand éclat à ce Triomphe, que jamais Rome n'en auoit veu de pareil. Et certes la defaite d'Annibal étoit vn trophée de ſi haut prix à Scipion, qu'il ſe pouuoit dire vainqueur de tout le monde, puis que le ſeul Capitaine qui l'auoit remply du bruit de ſon Renom, luy auoit rendu les armes, auec toutes les courones d'honeur, qu'elles luy auoient fait acquerir.

Deux cens chariots chargez d'or & d'argent monoyé, deuançoient les Secretaires, Treſoriers & autres Officiers de l'armée, veſtus à la Romaine fort richement. Et à leur ſuite tous les ſoldats diuiſez par bandes, portant ſur la téte des chapeaux de fleurs, & à la main vne branche de laurier, terminoient la Pompe de ce Triomphe. Mais repreſentez-vous pour ſa plus grande gloire, que Scipion à qui elle apartenoit en propre, la poſſedoit ſi juſtement, que ſes enemis méme changeant leur enuie en admiration, afermiſſoint ſur ſa téte, & par leurs veux, & par leurs loüanges, la riche courone qu'il en portoit. Il eſt vray que la conquéte d'Afrique, que la ſeruitude de Carthage, & la defaite de tous les Carthaginois enſemble, rehauſoit de beaucoup l'éclat de ſa Renomée, mais comme luy méme en auoit jeté les premiers fondemens ſur ſa vertu, Elle ſeule le rendoit vnique, & en ſa victoire, & en ſon Triomphe. Les trophées de l'Afrique, de Carthage, & d'Annibal, étoient affectez à ſa valeur, mais ceux de ſes paſſions domtées ſuiuoient inſeparablement ſa perſone, pour le rendre ſans pareil, parmy ſes compaignons : ie veux dire hors d'exemple, auec tous les Capitaines Romains qui auoient triomphé deuant luy. De ſorte que ce vainqueur triomphoit ſans y penſer de Rome méme, puis que tout le peuple le reconoiſſoit ſecretement pour Souuerain ? quoy qu'il n'eut d'autre authorité que celle de ſon merite.

Cette Pompe ſe termina auec les mémes cris de joye qui l'auoient comencée : Scipion fut acompagné dans le Capitole, où il traita magnifiquement le Senat, ſes parens, & ſes amis, ſelon les coutumes ordinaires ; mais certes, quoy que tous les feſtins du monde ayent leur deſſert, le lendemain Scipion eut ſeul cét auantage au deſſus de ſes Riuaux de gloire, de ſe treuuer auſſi grand dans ſa Maiſon que dans le Capitole. Choſe admirable de ſa vertu, elle l'auoit mis en ſi haute conſideration, que les plus vicieux le loüoient pour cacher leur vice ſeulement, puis que les loüanges qu'ils luy donoient rejaliſſant ſur eux, les metoient en bone eſtime.

Il reçeut en ſuite tous les honeurs qu'il pouuoit eſperer, ſoit dans la charge de Cenſeur qu'on luy dona, ſoit en celle de Prince du Senat, dont on le recompenſa. Il fut auſſi quelque tems apres éleu Conſul vne ſeconde fois, & durant ſon regne n'ayant plus de ſujet d'exercer ſa valeur, il donna de l'employ à ſa Prudence, à ſa Iuſtice, & à toutes ſes autres vertus, ſans rechercher d'autre gloire, que celle qui étoit inſeparable de ſes actions.

Il ariua que durant le Conſulat de L. Scipion, ſon Frere puiſné, & C. Lelius, tous deux pretendans au Gouuernement de l'Aſie, pour faire la guerre au Roy Antiochus, le Senat, apres diuers jugemens du merite & de l'vn, & de l'autre, fauoriſant C. Lælius en cette diſpute, Scipion l'Afriquain touché d'vn genereux reſſentiment s'offrit d'étre Lieutenant de ſon frere, aymant mieux luy obeïr en cette guerre, qu'en laiſſer le comandement à vn autre : Et cette deferance digne de luy ſeul, l'éleua encore ſi haut, dans vne nouuelle eſtime, qu'il eſt croyable que le Peuple n'auoit pas moins de reſpect pour luy, que ſon Frere d'affection, apres auoir été preferé à C. Lelius, de cette ſorte.

L'humilité a beau ſe cacher, tout le monde la cherche pour l'éleuer ſur le même trone qu'elle foule aux pieds.

Ie ne vous diray pas maintenant l'heureux ſuccez qu'eut cette guerre d'Aſie, contre le Roy Antiochus, quoy qu'Annibal en fut & le conſeil & l'apuy, il me ſuffit que vous ſçachiez que ce Roy fut vaincu, & que de cette victoire ſi fameuſe & ſi importante, L. Scipion en eut toute la gloire, & ſon Frere l'Afriquain tout le contentement. Ie ne vous repreſenteray point auſſi les Pompes de ce triomphe, pour ne m'éloigner pas de mon ſujet. L. Scipion fut ſurnomé l'Aſiatique, de méme que ſon Frere l'Afriquain, & tous deux eurent l'honeur des premiers, à porter le ſurnom des Nations qu'ils auoient vaincues.

Scipion eut encore cét auantage d'étre eleu par deux fois, Prince du Senat, ſans autre recomandation que celle de ſa ſeule vertu; honeur capable d'aſſouuir l'ambition des plus grands de la Republique. Mais à la fin, la méme gloire qu'il recherchoit en ſes jûnes ans, ſeruant tout à coup d'objet à ſon mépris, il ſe voüa genereuſement à la ſolitude pour treuer le repos qu'il cherchoit. Ce qui faiſoit dire de luy, *Qu'il n'étoit jamais moins ſeul, que quand il ſe trouuoit ſans compagnie.*

L'eſprit a beau être planté dans vn corps de terre, ſes racines ſont dans le Ciel.

Ces grands Eſprits tous de feu ne pouuant viure ſur la terre, que comme ces Oyſeaux de Paradis, qui s'y atachent eux mémes pour y faire leur ſejour? durant le tems de leurs repas, ne ſongent jamais qu'à rompre cette atache du monde au deſſert de ces feſtins d'honeur, & de gloire, que la Fortune leur fait tous les jours, pour ſe joindre comme des rayons au corps de leur lumiere. Ils ont beau
habiter

habiter ces terreſtres lieux, il faut de neceſſité qu'ils s'y enchaî-
nent eux-mémes pour y faire vne longue demeure, puis que de
leur nature ils s'éleüent ſans ceſſe & de deſir & de penſée vers leur
principe, pour y treuuer le repos de leur ſouueraine félicité.

Scipion ſe fit vne ſolitude de ſa maiſon champétre, où l'on remarque qu'vne troupe de Pyrates, rauis du ſeul recit de ſes faicts
glorieux, ſe mirent en haſard d'eſtre pris en prenant terre, pour le
voir ſeulement, comme s'ils euſſent eſperé de faire vn riche butin de
cette veuë. Et certes ils en furent auſſi telement ſatisfaits, à force
d'admiration, qu'ils n'eurent plus la curioſité de courre le monde
pour en contempler les merueilles, puis que ce grand Capitaine
en étoit l'ornement.

Il paſſa le reſte de ſes beaux jours à l'Internum : ie dis beaux,
ayant ſerui de flambeau à la plus glorieuſe vie du monde : ie dis
encore à la plus glorieuſe, puis qu'il reçeut au bout de ſa cariere
toutes les courones qu'il auoit ſouhaitées en la començant. Ce bel
Aſtre, mais le plus éclatant qui parut jamais ſur l'emiſphere de
cette Republique, apres s'étre fait admirer en ſon Orient, & adorer en ſon Midy, trouue en ſon Occident de nouueaux autels,
déja erigez à ſa memoire immortele. Rome toutefois fut ſa ſepulture apres luy auoir ſerui de Berceau ; Les Statuës de trois Scipions
furent dreſſées ſur ſon Sepulcre, & la ſiene tenant le milieu que
ſa vertu luy auoit marqué ; ſes cendres eurent ce dernier honeur
d'étre melées auec celles du Poëte Ennius ſon fauory, comme l'é-
tant des Muſes. C'eſt le témoignage que Ciceron en donne, parlant du Grand Scipion, pour le diſtingüer des autres, quoy que
tous enſemble euſſent été aſſis ſur les degrez du trone que toutes
les vertus luy auoient erigé. Ce qui obligea ſans doute le Peuple
Romain à les faire repreſenter en relief à l'entour de ſon tombeau,
comme les ombres inſeparables de ſon corps.

L'Hiſtoire, ce fidele Regiſtre de l'Eternité du Monde, a beau
nous repreſenter toujours vn nombre infini de Grands Perſonages :
ie dis grands, les vns par leur Valeur, les autres par leur Eloquence ;
ceux-là par leur Sageſſe, ceux-cy par leur Magnanimité : Vne ſeule de ces qualités pourtant faiſoit toute leur Renomée ? Mais aujour-
d'huy en noſtre Scipion, la Valeur, l'Eloquence, la Sageſſe, la
Magnanimité, la Continence encore, & la Iuſtice, ſe font admirer
dans ſon ame, comme aſſemblées en Corps, pour en faire vn abregé
de toute ſorte de perfections.

De vous dire auſſi auec Polibe, que ſi la Macedoine n'a

Ie ne m'étone pas ſi la ſolitude eſt l'élement des bons eſprits, puis que ſa demeure eleuée ſur le mont Olimpe eſt à l'épreuue de toute ſorte d'orages.

C'eſt la commune opinion des plus fideles Hiſtoriens.

Les hommes qui n'ont point de pareils, sont des demy-Dieux.

veu qu'vn Alexandre, l'Italie n'a eu qu'vn Scipion, ie passe plus outre, & soutiens que Rome a receu plus de gloire à luy seruir de Berceau, que de Trone à l'Empire du monde ? Quelle merueille, qu'vn homme sans cognoistre Dieu, ait vécu si diuinement en terre, qu'il n'ait iamais été capable d'amour que pour la vertu, ny de haine que pour le vice. Qu'vn homme, diray-je encore, sans l'aide de la grace, ait possedé si eminement toutes celles de la Nature, qu'elle méme en ait fait son chef-d'œuure, pour seruir d'ornement à tout l'Vniuers. Ie veux qu'on ait remarqué des táches dans le Soleil, ie defie tous ces clairs-voyans de nous en faire voir vne seule dans la vie de ce grand Capitaine. Ce n'est pas qu'il ne fut homme comme les autres, mais il auoit cét auantage par dessus tous ensemble, apres s'étre vaincu le premier, de n'auoir jamais eu de compaignon en cette sorte de triomphe. De moy ie le trouue si acomply en toutes choses, que la seule Histoire de sa vie est ma Morale, & ie ne changeray jamais d'Echole ayant vn Maistre si sçauant.

PARALLELES

DE

SCIPION L'AFRICAIN,

ET DE

MONSEIGNEVR

LE CARDINAL

DVC DE RICHELIEV.

PARALLELES
DE
SCIPION L'AFRICAIN,
ET DE
MONSEIGNEUR
LE CARDINAL
DUC DE RICHELIEU

PREFACE.

ES lignes Paralleles ont beau se ressembler en
toutes choses, elles ne se rencontrent jamais :
de même puis-je dire dans la comparaison que
je fay de Scipion l'Africain, auec ce grand
Cardinal de RICHELIEV, que ce sont deux
nouuelles lignes, qui dans leur egalité se trouuent
éloignées d'vne distance infinie : Scipion qui
fût la merueille de son temps, prenant son es-
sor dans l'eternité du monde en a remporté
toutes les couronnes : & Monsieur le Cardinal,
qui est le miracle de nostre siecle, s'éleuant d'abord au dessus de sa nature, pour en trouuer l'immortalité, elle seule sera le comble de sa gloire.
Ce qui nous fait voir maintenant quelque conuenance, qui se trouue entre
ces deux grands Heros, qu'ils ne sont reciproquement Paralleles que dans
la carriere de leur vie toute glorieuse : puisque l'vn estant né pour la terre, n'en a reçeu en partage que les lauriers, & que l'autre viuant pour le
Ciel, luy seul aussi vn jour doit estre & son prix & sa felicité.

Ne vous étonnez pas pourtant si ie cherche la ressemblance de Monsieur le Cardinal dans celle de Scipion, puis qu'il a esté le crayon de
son Image en toutes les vertus morales : & si i'en fay aujourd'huy la
comparaison, ce n'est que dans les deferences necessaires que l'ombre
doit au corps, sçachant bien que Scipion, ce bel astre tout éclatant
d'honeur, n'a paru dans son hemisphere que comme le premier rayon
du Soleil, que nous admirons aujourd'huy sur nostre horison, en son
Eminence.

La Nature nous fait voir en la production de ses plus beaux ouurages, que
l'exemplaire qu'elle en conçoit, deuance le relief qu'elle en doit enfanter :
De sorte que dans le dessein qu'elle a eû de nous donner Monsieur le
Cardinal de RICHELIEV, il est croyable qu'elle a fait voir de siecle en
siecle en tous les Heros de l'antiquité, quelques traits de ressemblance

PREFACE

de leurs actions glorieuses, auec ses faits immortels! & ce sont ces
traits, qui comme autant de rayons vienent se ioindre aujourd'huy au
corps de sa lumiere, pour nous faire admirer le midy de leur Orient.

Ie veux que les Caldéens & les Arabes, les Hebreux & les Grecs,
ayent erigé des autels en diuers lieux à tous les Sages de leur nation &
de leur siecle : le Temple seul en est deu à Monsieur le Cardinal, puis
que son Eminence nous fait voir en elle seule toutes les faueurs & du
Ciel, & de la nature.

Mais quels raports puis-je trouuer dans cette comparaison que je
fays d'vn Payen auec vn Chrestien? Ie ne les considere pas aussi du coté
de ce pourfil ; je leur fay tourner visage pour vous les representer sous
celuy de leurs vertus morales, comme portant les mémes marques de
ressemblence. Scipion a esté l'honeur de sa Patrie, par son seul merite ;
& nostre grand Cardinal est aujourd'huy la gloire de la France par ses
seules perfections. Et c'est sur ce sujet comme sur vne toile d'attente
que je tire mes lignes Parelleles, pour vous en faire voir la comparaison.

Que si l'on s'estonne maintenant de ma hardiesse en l'entreprise que
je fays de donner vn Compaignon à Monsieur le Cardinal qui ne peut
jamais voir son pareil : je vous diray encore vne fois pour mon excuse,
que je ne vous represente ces deux Heros que dans la carriere du monde,
où ils ont couru également pour en remporter les prix. Et comme tous
deux ont esté couronnés en cette lice, ie vous les fais voir sous vn méme
visage triomphans sur la terre, mais à sa propre confusion, n'ayant peu
produire auec toute sa fecondité durant tant de Siecles, qu'vn Scipion,
& qu'vn RICHELIEV.

Si i'eusse voulu imiter en cet ouurage les Historiens du temps, & faire
vn Parallele accomply, il m'eût falu décrire en abregé l'Histoire de tous
ces Heros de l'Antiquité, & à l'exemple d'Apelle ramasser dans ce portrait
les traits de toutes les vertus morales qu'ils ont si parfaitement pratiquées,
pour en former l'Image de Monsieur le Cardinal. Mais comme sa propre Renommée m'a preuenu, vous l'ayant desia representé auec le plus
vif éclat de sa gloire ; il me suffit de vous le faire voir dans ce miroir de
Scipion, dont la glace ne flate point, pour accoûtumer vos yeux à le contempler sous ce voile transparant, auant que de l'eleuer tout à coup iufques au faiste des grandeurs qui l'enuironnent, afin qu'ils n'en soient
ébloüys.

Ce n'est pas que ie sois si temeraire de vouloir renfermer dans l'étenduë
de ce petit Volume l'Histoire d'vne vie si Illustre, comme estant remplie
de beaucoup plus de merueilles qu'elle n'a de iours : ie ne fays que ramasser
en passant les riches coronnes qu'elle a meritées, pour en dresser vn autel à sa

PREFACE

memoire qui dure autant que l'vniuers. Comment pourroy-ie d'écrire ſes faits glorieux, puiſque la moindre de ſes actions n'eſt animée que de gloire : ſes penſées ſeulement ayant encore chacune en particulier vn prix affecté & de vertu, & de merite hors de comparaiſon ? Si leur eminence rabaiſſe le vol de ma plume, par vn excés d'étonnement, elle méme me la fait tomber des mains à force d'admiration.

On pouuoit bien repreſenter ſous vn faux iour l'image de ſa vie : Mais ce ſeroit vous faire voir le Soleil à l'ombre des couleurs. Il n'apartient qu'à ce grand Cardinal de ſe peindre ſoy-méme : encore y marqueroit-on le defaut de l'art, qui ſe trouue en vne copie, puis que la nature méme qui en à fait l'original a terminé toute ſa puiſſance en ce bel ouurage.

Que ſi ie vous ay promis touteſfois la repreſentation de cet Heros, ce n'eſt qu'à la meſure de ma connoiſſance : & comme elle eſt dautant plus rabaiſſée que ſon obiet eſt releué, ie ne ſçaurois vous repreſenter que la volonté que i'en ay euë, pluſtot que les effets que vous en attandez. Ie voy deſia mes deffauts, ie preuoy ma confuſion, ie confeſſe ma temerité, ie ſens mon impuiſſance, & ſi ie paſſe outre pourtant cette excuſe ſera touſiours legitime, de n'auoir pû reſiſter à la force de mon Zelle pour vn ſuiet ſi glorieux.

PARALLELES
DE
SCIPION L'AFRICAIN,
ET DE MONSEIGNEVR LE
CARDINAL DVC DE RICHELIEV.

Lutarque n'ayant jamais sceu trouuer parmy les Grecs vn seul qui fût assez sage pour estre comparé à Scipion, nous oblige à croire aujourd'huy que la France, plus feconde que la Grece, à cet aduantage en nous donnant ce grand Cardinal de RICHELIEV, non feulement de luy estre comparé: mais encore de le furpasser en toutes chofes. Que fi j'en fay les Paralleles felon les regles que la neceffité m'a prefcrites ; c'est pour honorer d'autant plus la memoire de ce Romain, que Rome méme recognoit noftre fameux Cardinal pour le plus grand Prince de fon Sainct Empire.

L'histoire nous aprend que la race des Corneliens a esté fi feconde en capitaines, qu'elle feule a produit plus de conquerans au Peuple Romain, que beaucoup d'autres de pareille ancieneté : & c'est de cette fource d'honeur que noftre fameux Scipion est forti comme vn clair ruiffeau, pour remplir le monde du bruit de fon murmure ; je veux dire de celuy de fa renomée. Mais voulant marquer quelques limites à mon deffein dans vne fi vafte carriere, je vous rediray feulement que le Pere & l'Oncle de Scipion l'Africain donnerent le premier éclat à

La maison de Duplessis estoit illustre dés l'an 1179. en la personne de Guillaume du Plessis, premier du nom qui acompagna le Roy Philipe Auguste en la terre Ste. La mere Du Plessis en recognoissance de sa vertu obtint de Guy de Lusignan Roy de Hierusalem la Seigneurie de Loriaque en Cipre dont le titre est encore dans la maison. Guillaume III rendit des importans seruices à Charles cinquiéme, & fut tousiours si dele sujet quoy que tous ses biens fussent sous la domnination des Anglois.

François fils de François III. son grãd Oncle deffendit Ponçon l'il le tres-forte contre les Espagnols, & leur fit leuer le siege. Il defit encore les Huguenots sur le bord de la riuiere de Vienne.

Un homme vertueux peut estre amoureux de soy méme, puisqu'il n'ayme en luy que ce meme vert qu'il fait profession de suiure.

fa reputation naissante ; luy laissant en heritage auec leurs cendres cet honeur d'auoir immortalizé leurs noms, en mourant tous deux pour la defence de la Republique.

De méme puis-je dire, en commençant mes Paralleles aprés vous auoir confirmé cette verité, que l'Illustre, & l'anciene race de du-Plessis a esté la mere nourrice d'vn nombre infiny de grands-personnages, tous remarquables dans l'Histoire, & tous considerables à la France. Que François du Plessis fils de François III. surnommé le Sage, grand Oncle de Monsieur le Cardinal, se fit tele-ment admirer par sa prudence, & redouter par sa valeur en diuerses rencontres, qu'en mourant pour le seruice de son Roy au siege du Haure-degrace ; cet heureux port qui fût son écueil, se metamorphosa en méme temps en vn temple de memoire, pour y conseruer éternellement celle de son nom ; dont l'éclat glorieux rejalit à plein sur Monsieur le Cardinal, quoy que la lumiere qui l'enuironne soit dans son zenit.

François du Plessis son Pere apres auoir vieilli au seruice de Henry III. & de Henry IV. dans les plus grandes charges, & les plus importans employs du Royaume, meurt chargé également & d'honeur & d'années, auec ces glorieux titres de Cheualier des Ordres, & Capitaine des gardes du corps. Et certes les couronnes de cette belle vie, & de ce semblable trepas, sont si pretieuses à Monsieur le Cardinal qu'il s'en pare tous les jours, apres les auoir vnies à celles que sa propre renomée luy fait à toute heure, quoy qu'elles n'ayent point de prix.

Mais quelle gloire de se voir placé sur le plus haut de ses trones par des ayeuls qui s'y sont assis les premiers, les vns à suite des autres ? Ie veux que Scipion fût grand par sa propre vertu ; celle de ses ancestres rendant illustre son berceau, elles l'éleuoient si haut au dessus du commun, qu'il estoit considerable entre les bras méme de sa nourrice.

Aussi puis-je dire de Monsieur le Cardinal, quoy que grand en toutes choses par son propre merite, qu'il trouue vne nouuelle Eminence en la sienne : toutes les fois qu'il se mire en son illustre Race ; comme vne nouuelle fontaine de Narcisse, capable de le rendre amoureux de soy méme, si son esprit n'étoit eleué au dessus de la vanité.

Chacun sçait que Scipion dés son enfance donnoit de si belles esperances & de sa sagesse, & de sa valeur, que tous ceux qui le voyoient deuenoient sçauans à faire son horoscope, luy presageant toute la gloire qu'il deuoit aquerir, comme si son destin en eut marqué les augures sur la majesté de son visage.

Qui peut douter que Monsieur le Cardinal n'ait fait voir dés son
berceau qu'il portoit sur le front les mémes traits, & de l'honeur &
de la vertu ; puis qu'il en est aujourd'huy la vraye image ? Sa petitesse me
parloit en begayant que de sa grandeur : car comme la nature l'enseig-
noit à raisoner, en méme temps que sa nourrice l'apreinoit à parler, ses
foibles paroles, animées de la force de sa raison, étoient autant d'augures de l'eminence de sa Poúrpre ; puis que son bel esprit l'en a reueru.
Ie sçay bien que l'adolescence de Scipion ne dura qu'vn moment, & qu'il
ne parút jamais jûne que de visage, dans les premiers employs qu'on
luy donna.

Quel auantage n'en remportoit pás aussi Monsieur le Cardinal sur
tous ses compaignons d'Echole ? En ses premieres années il aprenoit ses
leçons en les écriuant ; & toutes les couroñes d'honneur qui se pouuoient aquerir en cette Lice d'Apollon & de Minerue, étoient le prix
de ses souhaits seulement, pluftot que de ses veilles ; puis que sans peine
il s'en rendoit le conquerant.

Scipion se fit tellement admirer en ce méme âge, que les plus sages du Senat ne pouuant plus cacher leur ialousie, furent contrains
d'authoriser cette opinion, que la Déesse Egea luy seruoit de maistresse
d'echole pour le rendre accomply en toutes choses. Monsieur le Cardinal étoit si considerable en sa jûnesse par la bonté de son esprit,
que tous ceux qui luy parloient, se sentoient tentés de croire
qu'il auoit vne science infuse, & d'autant plus encore qu'ils étoient
honteux à leur âge, de luy ceder à force de raisonement.

En l'age de vingt-trois ans nostre Scipion se presenta au Senat pour
demander la charge d'Edile, quoy que la Loy le deffendit à sa jûnesse, &
il persuada si puissament les Senateurs de l'en dispenser, qu'ils firent vne
nouuelle loy de son exemple, luy accordant tout ce qu'il desiroit. Mais
comme en cela son merite le dispensoit le premier, on luy confirma
seulement la grace qu'il s'estoit acquise luy méme.

Monsieur le Cardinal se trouuant pourueu de l'Eueché de Luçon fût
exprés à Rome, & se presentant dans le Consistoire des Cardinaux deuant sa Saincteté, pour estre dispensé de l'âge, son eloquence plus
puissante que la Loy & la Coutume, disposa telement les espris de cette
Sacrée assemblée à interiner sa requeste, que le Pape creut luy faire justice, pluftot que grace ; puis que son sçauoir & sa vertu le rendoient ma-
jeur sans priuilege.

Dans la desolation que la perte de deux batailles auoit causée à la Republique Romaine, ce peuple se trouuant en peine d'élire vn nouueau
Capitaine qui succedast à la prudence des vaincus, sans encourre leur

malheur, Scipion se presenta comme vne victime publique pour exposer sa vie à la défence de son pays : & en cette rencontre son nom & sa
reputation, aussi considerables que sa valeur & son courage, luy firent
donner la charge de Vice-Consul, malgré tous ses enuieux ; auec ce
pouuoir absolu de faire la paix, ou la guerre.

Qui ne sçait pas qu'apres tant de dissentions ciuiles, la France respirant à peine soubs le pesant fardeau de ses malheurs, cherchoit vn
homme en plein midy auec la lanterne de Diogene : Ie veux dire vn pi-
lote assés sage pour tenir le gouuernail de sa nauire, durant l'orage
dont elle étoit accueillie de tous cotés : & que Monsieur le Cardinal
seul, s'offrit à ce glorieux employ d'vn cœur tousiours brulant de zéle,
sans craindre les perils dont il étoit menacé. Il fit paroitre d'abord tant
de forces, par celle de son esprit ; & tant d'ennemis vaincus par son
courage inuincible, qu'on luy donna le commandement general des
armées du Roy. Et certes sa conduite fût si vtile, qu'on ne vit d'autre orage sur la mer de la France, que celuy que luy méme excita pour y preparer le naufrage des ennemis de l'Estat.

La diligence, & l'ordre, dont Scipion se seruit en peu de temps pour
mettre sur pied deux grandes armées, luy acquirent de nouueau tant
d'honeur, qu'on ne parloit plus a Rome d'autre langage, que ce luy
de ses loüanges.

Quelle gloire ne remporta pas aussi Monsieur le Cardinal, du soin extraordinaire qu'il prit à faire cette belle armée nauale, & cette seconde
qu'il fit voir sur terre à la veille de son depart de Paris, lors qu'il acom-
paigna le Roy en ce fameux siege de la Rochelle, pour mettre la France
en repos ? Certes elle n'auoit jamais reconu son pouuoir jusques à ce
jour là, & jamais aussi elle n'auoit eu vn Ministre de ce merite, & dont
la sagesse fût à l'epreuue de toute sorte d'accidens.

La premiere entreprise de Scipion fût d'assieger Carthage la Neuue
& par mer, & par terre, contre l'opinion de tous les politi-
ques du temps. Il la prit pourtant, à la honte de ses enuieux ; & trouua dedans, auec vn nombre infini de richesses, la couronne de lauriers que la Fortune auoit deja preparée à sa valeur.

Le premier dessein, mais le plus hardy & le plus glorieux qui ayt esté
jamais executé, fût celuy que Monsieur le Cardinal fit, d'assieger la Rochelle, cette fameuse Cathage & en force & en tresors, Ie dis de l'assieger, non seulement auec deux armées également inuincibles ; mais
encore auec de certaines tranchées, dont l'industrie plus que mortelle
bridoit la mer & enchenoit ses flots. Merueille inouye ! & dont la verité passeroit pour fable aux siecles à venir, si Monsieur le Cardinal, qui
est

est l'ouurier de cette merueille, n'en étoit luy-méme encor vne plus grande. Cette superbe ville fut toutefois le prix de ses soins & de ses veilles, remportant cét honneur que tant de riuaux auoient souhaité inutilement de rendre la France à elle méme, & son Roy si absolu, que ses seules volontés peussent passer & en tout temps, & en tous lieux, pour autant de loix inuiolables. Mais quel heureux succés d'vne haute entreprise a eté couronné d'vne couronne de ce prix là? Ie veux que la conquéte de Tyr soit la gloire d'Alexandre, la prise de la Rochelle en efface tellement l'éclat, que si ce grand Monarque n'auoit fait que cette seule action, on ne parleroit plus maintenant ny d'elle, ny de luy.

Quelle gloire a vn sujet d'assujetir son Maistre à l'aymer vniquement, méme de l'y contraindre par la force & de sa fidelité & de ses seruices?

Monsieur le Cardinal a reçeu aussi tant d'eloges d'auoir fait luy seul de ses mains propres, les preparatifs du triomphe du Roy, que toutes les nations de la terre l'en ont loüé publiquement. Et la France seule muete par vn excez de joye se sert encore aujourd'huy de ma plume, comme d'vn pinceau à representer à la Posterité que ce nom de R I C H E L I E V luy est si précieux, qu'elle le faira grauer en lettres d'or sur tous les superbes monumens de son Empire, pour en imposer vne loy de veneration à ses sujets.

Mais à quoy seruent tous ces discours? ne sçait-on pas que la vertu porte sa recompense auec elle, & que la gloire ne reluit jamais que de son propre éclat? Monsieur le Cardinal se trouue touſiours si satisfait du prix, dont ses vertueuses actions se recompensent elles-mémes, & l'honneur qui respire également auec luy, remplit son esprit de tant de clartés, que luy-méme est l'ouurier de son repos, aussi bien que de sa reputation: De sorte que quand ses conseils ont serui d'inuentions pour assieger & pour prendre la Rochelle, il n'en a cherché sa recompense que dans son deuoir, puis que s'en acquittant enuers son Roy, cette seule action de justice luy seruoit de couróne. Ce n'est pas qu'il n'en ait reçeu beaucoup d'autres de mille mains; mais comme elles étoient etrangeres aussi bien que ces prix qu'elles donnoient, il reuenoit touſiours chez luy pour y trouuer la gloire & le contentement, qu'on luy vouloit persuader de chercher ailleurs. Ce qui me fait croire qu'il n'a jamais été attentif aux loüanges qu'on luy donne encore, si la premiere pensée qu'il eut de fidelement seruir son Roy, fut sa plus grande satisfaction, ne pouuant trouuer l'honneur & le repos qu'il desire, qu'en ses continuels seruices & en son incomparable fidelité.

Quel bruit, & quel éclat jufques aux lieux les plus ecartés de la terre ne fit pas cette prife de Carthage en faueur du Peuple Romain, & de Scipion leur Souuerain Capitaine ? mais en fuitte quel dommage n'en reçeurent pas fes ennemis fe voyant tout à coup vaincus fans combat, & en état de mandier encore vne fois de la Fortune, les mémes couronnes dont cette aueugle auoit recompenfé leur perfidie ? De forte que comme leurs aliez auoient toutes leurs efperances dans cette ville ils fe rendirent auec elle, & fe refolurent à fubir les loix du Peuple Romain, apres auoir admiré & la prudence, & la valeur du Capitaine, qui les y auoit forcez.

Qui peut dire n'auoir pas ouy le bruit & l'éclat, que la foudre de noftre veritable Iupiter fit à la prife de cette jadis imprenable Rochelle ? tout le monde en fut remply : mais comme l'admiration en étoit auffi grande que l'epouuente, les intereffez reprenant leurs premieres chaines trouuerent cette confolation dans leur feruitude, d'y auoir été reduits par la puiffance de noftre Roy, & par les confeils de Monfieur le Cardinal, puis que l'vne étoit indomptable & les autres infeparables de leurs fuccez. Chacun d'abord rentra dans fon deuoir, & en méme temps que cette fuperbe Ville ouuroit fes portes au Roy, fes fujets humiliés luy ouurirent auffi leurs cœurs, afin qu'il marquaft dedans les loix de fes volontez. Mais dans leur fubmiffion s'ils adoroient également & la valeur & la clemence de leur vainqueur, ils n'admiroient pas moins & la fageffe & la conduite de Monfieur le Cardinal, quoy que l'vne & l'autre euffent jetté les premiers fondemens de leur ruïne.

La renommée de Scipion alant à la conquéte des cœurs en affujetit vn fi grand nombre, que la plus grande partie de ceux qui auoient redoubté fa valeur en fuyant, vindrent fe rendre à fa vertu, & dans cette fubmiffion ne pouuant trouuer des loüanges dignes de fon merite, il le voulurent honorer du Nom de Coy, qui étoit vn titre de Souuerain : mais d'abord il leur fit cognoitre que la méme deference qu'ils luy rendoient volontairement, il la deuoit naturelement à la Republique, comme étant né fon fujet ; & que de la forte il ne receuoit les hommages de leur obeïffance que pour elle, puis qu'ils luy apartenoient en propre.

Ne peut-on pas dire que Monfieur le Cardinal fut en vne fi haute eftime, apres toutes fes glorieufes actions, que fes ennemis mémes deuenant fes admirateurs, atribuoient à fa puiffance l'honneur qui n'eftoit deu qu'à fa vertu ? Mais il leur fit cognoitre en méme

temps, & leur erreur & sa soubmission, apres auoir confessé publiquement pour l'instruction de tout le monde, qu'il n'estoit que
l'instrument des volontez du Roy, dont la renommée seulle le
rendoit triomphant en tous lieux.

Scipion Victorieux ne pouuant moderer l'ardeur de son courage, ny borner sa valeur de cette premiere conquéte, quoy que
tres-importante, fit de nouueaux desseins à l'honneur de sa Republique, & auec d'autant plus de hardiesse que ses armes triom-
phoient par tout, comme estant celles-là mémes de la Iustice. Il
les porta plus auant dans l'Espaigne, auec vn si heureux succez, que la resistance qu'il y trouua, ne seruit que de matiere
pour accroitre le bruit de sa reputation. Mais le sage conseil qu'il
donna de porter la guerre jusques dans le foyer de ses ennemis,
brulant & saccageant d'vne méme main le pays de leur demeure,
deuoit estre graué en lettres d'or sur toutes les pierres du Capitole, puis qu'en éuitant l'orage, que la fureur d'Annibal auoit
excité, pour abymer Rome dans le sang de ses Citoyens, il causa
vne si furieuse tempéte sur la mer de Cathage qu'élle méme y trouua à la fin son escüeil.

Monsieur le Cardinal agité d'vne pareille inquietude à force de
valeur, voulut se seruir à propos de l'occasion, apres vne si signalée
victoire, pour aller combatre le reste des ennemis de l'Estat jusques dans leurs forts, ie veux dire dans leurs retranchemens de
Casal, sans craindre les incommoditez de l'hyuer, ny sans s'a-
retter vn moment à l'obstacle de ces effroyables montaignes de
neige, dont la hauteur sourcilleuse faisoit pallir les plus hardis.
Et toute la terre sçait la nouuelle courone d'honneur que ses soings,
ses veilles, ses conseils, & son courage inuincible luy firent remporter en cette glorieuse entreprise, forçant ses ennemis armés à
luy rendre les armes, pour étre forcé luy méme à leur sauuer la vie,
apres les auoir reduits en cét état de compassion. Mais sa prudence
toujours admirable parut de nouueau ce coup là dans son trone,
lors que ses seuls conseils persuaderent le Roy à porter ses armes
victorieuses dans le sein de ses ennemis, je veux dire jusques dans
leurs maisons, tandis que la France jouïssant des douceurs du calme durant ces tempétes étrangeres, sairoit regner également chez
elle & la Iustice & la paix. Certes l'experience nous fait cognoitre
aujourd'huy sensiblement, que ce conseil d'assieger & l'Allemai-
gne & l'Espagne tout à la fois, tenant de la sorte d'vne main l'Aigle
enchesnée, & le Lyon de l'autre, est digne de Monsieur le Car-

dinal, comme vne meditation de son diuin esprit, & vn effet de sa sagesse incomparable. Voir vne partie de l'Europe ennemie reduite à la mercy du Roy, & l'autre en admiration de sa puissance, quelle gloire pour Monsieur le Cardinal, qui en jette tous les jours de nouueaux fondemens? Et quel auantage pour nous qui en ressentons le profit?

Les Roys Mandonius & Indibilis obligerent Scipion à mettre vne nouuelle armée sur pied pour tirer raison de leurs vaines promesses, & comme en cela les Dieux y étoient interessez les premiers, ayant manqué de parole ils couronerent Scipion auant le combat, il l'ayant destiné vengeur de cette injure. Sa victoire toutesfois quoy que sanglante fut auantageuse à ses ennemis leur laissant la possession de toutes les villes, dont on luy auoit porté les clefs, sans se reseruer que le seul honeur d'auoir vengé les Dieux, & satisfait le Peuple Romain.

Ne faut-il pas confesser que Monsieur le Cardinal fit la méme chose lors qu'il entra triomphant dans l'Italie, pour s'oposer aux efforts de leur Majestés Imperiale & Catholique, qui auoient declaré la guerre aux aliés de nostre Estat, apres s'estre emparées par force de toutes les villes qui pouuoient fauoriser le dessein de leur domination? l'Epée de la Iustice qu'il portoit en cette guerre, ne trouua point de resistance que dans la soubsmission : tout se rendit à sa force indomptable. Mais en cette action Monsieur le Cardinal qui n'auoit d'autre objet que la gloire du Roy, & le droit des gens, se contenta d'auoir mis ces deux grands Monarques à la raison, en les obligeant de la faire à ceux qu'ils auoient voulu opprimer, sans se preualoir toutesfois de l'auantage de ses conquétes, puis que son Maistre étoit vn juste conquerant.

Massinissa Roy des Celtiberiens fameux pour sa valeur se treuuant oppressé d'vne puissance Souueraine, jusques à se voir contraint d'abandonner son Royaume pour sauuer sa vie, demanda à Scipion la protection du Peuple Romain, comme son seul autel de refuge. Ce que ce grand Capitaine luy accorda de si bonne grace, qu'en gaignant le cœur de ce Prince il en fit vn esclaue pour la Republique : Et en effet les seruices qu'il luy rendit furent de telle importance, que le Senat se trouua forcé pour luy faire justice, plutot que pour le recompenser, de luy donner à la fin de la guerre, vn Royaume beaucoup plus grand que celuy de ses ancestres.

Ce Massinissa nous represente le Roy de Suéde, comme étant
de méme

de même naissance & d'vne pareille reputation. Il estoit encore
opressé comme luy & reduit en état de deffendre par les armes le
sceptre & la courone qui luy apartenoient par succession, lors que
son bon Genie luy conseilla de s'addresser à Monsieur le Cardinal,
comme à la Generosité même, pour obtenir du Roy le secours
qu'il en esperoit. Ce qu'il luy promit & ce qu'il luy fit accorder
en même temps, acquerant de la sorte ce Grand Prince à la France
pour vn apuy étranger : je dis pour vn apuy, puis que les merueilles
de sa valeur nous ont fait voir des miracles de victoire à l'honneur
du Roy, dont la justice luy auoit desia preparé vne courone beaucoup plus riche, que celle qui luy étoit écheuë en partage.

De quels stratagemes ne se seruit pas Scipion en cette guerre
d'Espagne pour vaincre ses ennemis à force d'esprit aussi bien que
de courage ? Quelles inuentions ne mit-il pas en employ, à dessein
de faire reüssir tous ceux qu'il conceüoit pour augmenter le nombre de ses conquétes ? Il oposoit sa sagesse à l'experience d'Afdrubal son ennemy, le forçant de confesser que Rome seulle pro-
duisoit plus d'hommes sages, que toute la Grece, quoy qu'elle se
fut ventée d'en auoir été la nourrice.

Quelle conduitte & quelle prudence n'obserua pas Monsieur le
Cardinal en la guerre d'Italie pour triompher sans combat de ses
ennemis ? quels obstacles peurent s'opposer aux succez de ses entreprises ? quelles ruses furent assez subtiles pour deceuoir son jugement ? de quels traitez captieux ne se demêla-il pas, à la honte
de ceux qui les proposoient ? Son Altesse de Sauoye, vn des plus
sages Princes de son siecle fut contraint d'aüoüer, qu'il auoit trouué
son Maistre en Monsieur le Cardinal, touchant l'art de raisoner,
& de preuoir les accidens qui peuuent suruenir en des affaires de
cette importance.

La maladie de Scipion donnant tout à coup des nouuelles esperances aux ennemis de la Republique, ils se mirent en état de
produire au jour les pernicieux effets des perfides pensées qu'ils
auoient conceües, croyant que l'authorité de ce Grand Capitaine
estoit captiue auec luy dans son lict ; & comme le bruit de sa mort
leur promit de nouueau le succez de leurs trahisons, on ne vit de
tous côtez que des reuoltes, iusques dans son Camp. Mais dellors
qu'il commança de recouurer peu à peu sa premiere santé, toutes
ces rebellions changeant de visage, par la repentence de ceux qui
les auoient faites, les moins coupables, eurent recours à sa bonté,
& les plus criminels en fuyant, se mirent à l'abry de sa Iustice.

Nous auons été témoins du defordre & de la confufion, ou pour mieux dire des perfides deffains & des funeftes entreprifes que les ennemis de l'Etat eftoient fur le point d'executer aux premieres nouuelles de la maladie de Monfieur le Cardinal. Les fujets du Roy fe reuoltoient en foule pour en faire vn corps d'armée, & de l'exemple de leur reuolte vne damnable ligue, qui peut attirer apres foy la ruïne entiere de la France. Mais au méme temps que noftre Grand Cardinal fut hors de danger, & qu'il eut recouuré fes premieres forces, par celle des vœux continuels de tous les gens de bien, on vit l'Etat rafermy de fon nouuel apuy: Et comme la France fembloit eftre reduite aux abois auec cét incomparable Miniftre, deflors qu'il recouura fa premiere vigueur, elle reprit la fienne, & parût plus éclatante que jamais. Quelle merueille de felicité affectée également & à noftre fiecle, & au deftin de Monfieur le Cardinal, en faueur de l'Eftat, que fon folide & parfait établiffement depende en quelque forte de la conferuation de fa vie, vraiment pretieufe, puis que toutes fes penfées & toutes fes actions, comme autant d'eguilles de cadran, regardent inceffamment ce pole inebranlable? Auffi vit-on que la clarté de fon efprit fit difparoitre en vn inftant tous ces efpais nuages, qui vouloient offufquer celle de noftre Soleil, ie veux dire, que le bruit feul de cette incomparable fidelité qu'il a voüée à fon Prince, & de cette fageffe incognuë aux fiecles paffez fut fi puiffante, que tous ces infidelles fujets furent contrains d'implorer la clemence du Roy, pour fe garantir des foudres de fa juftice.

Deflors que Scipion eut remis en liberté tous les alliez de fa Republique donnant des limites fort etroites à la domination de ces puiffances etrangeres, & qu'il fut forty victorieux des Efpaignes, où il auoit laiffé fes volontés pour loix, il s'en reuint à Rome, & y entra fans éclat comme vn fimple Citoyen, apres auoir refufé l'honneur du triomphe qu'on auoit offert à fa valeur, n'ayant peu l'accorder à fa qualité. Et en cette rencontre il fit voir par fon humble refus qu'il n'auoit jamais pretendu de courones pour s'eftre acquitté de fon deuoir.

L'entrée de Monfieur le Cardinal dans Paris, à fon retour glorieux d'Italie, reuenant tout chargé des courones que fes enemis mémes luy auoient donées, à force de loüanges & d'admiration fut toute pareille, puis qu'à peyne il fe laiffa voir feullement, comme s'il eut deja oublié les merueilles, qu'il venoit de faire. Il en porta toute la gloire au Roy, auec la méme deference, que le ruisseau rend à sa source, & se contenta de l'honneur, qui luy demeuroit d'auoir executé ses commandemens ; & de luy faire conoistre que sa fidelité auoit eté encore beaucoup plus grande, que son bon-heur, quoy que la Fortune eut tout accordé à ses esperances. En quoy il témoigna publiquement vne seconde fois, qu'il n'auoit jamais cherché de la gloire que pour la trouuer en celle de son Maistre, puis que de sa Majesté seulle comme d'vn nouueau Soleil, procedoit tout l'éclat qu'il pouuoit desirer.

Les Enemis de la Republique pullulans comme les testes de l'Hydre il falloit de necessité que Scipion, ce veritable Hercule reprit les armes pour s'en rendre le vainqueur vne derniere fois. Mais l'enuie, cette anciene ennemie de la Vertu s'oposant à ce glorieux dessein sugera tant d'inuentions à ses esclaues soubz de justes aparances pour arrester ce jeune Heros dans Rome, que le Senat étoit desja resolu à luy donner vn autre employ soubz ce specieux pretexte, que sa presence étoit necessaire à leur propre conseruation. La voix du peuple toutesfois l'emporta sur cette resolution, persuadant les Senateurs à force de cris de consentir, que ce méme vainqueur des Carthaginois alast triompher d'Annibal, leur fameux Capitaine : decret qui fut à la fin authorisé en faueur de Scipion. Et certes il fit bien tot cognoistre qu'on l'auoit honoré justement de cette qualité de Consul, auec pouuoir de porter la guerre en Afrique, puis qu'en moins de quarante jours, il mit sur mer vne armée de quarante mille hommes, aprés auoir pourueu ses vaisseaux de guerre de leurs necessitez.

Tout le monde a eté témoing de l'infidelité de nos ennemis, lors que violant la foy de leurs traictez, ils declarerent de nouueau la guerre en Italie aux alliés du Roy, apres auoir attiré de leur party tous les Princes qu'ils auoient jugé leur étre necessaires. Et des desseins venant à l'execution ils assiegerent Casal pour la seconde fois. Ce qui obligea la France à chercher les moyens de la secourir. Et comme Monsieur le Cardinal reuenoit de la défaite de ceux mémes, à qui son absence auoit donné cette hardiesse, chacun jettoit les yeux sur luy, comme sur l'vnique asyle qu'on pouuoit esperer. Mais ayant à combatre de nouueaux ennemis de l'Etat, qui s'opposoient par leurs pernicieux conseils à l'élection que sa Majesté en auoit déja faicte, il falut de necessité que sa sagesse fit tout ses éfforts, pour les vaincre, joignant ses forces à celles des vœux de tous les bons François : Il en triompha toutesfois heureusement, & receut de la bouche du Roy ce glorieux commandement de l'aler feruir en Italie auec fa fidelité ordinaire, en qualité de fon Lieutenant general, apres luy auoir donné vn pouuoir abfolu de faire & la paix, & la guerre, fans prendre confeil que de fa prudence, en qui feulle fa Majefté fe confioit. Quelle armée ne nous fit-il pas voir à même temps fur pied ? quelle preuoyance n'eut-il point pour la renforcer de nouuelles recreuës ? & quel ordre fut plus merueilleux que celluy dont il fe feruit pour luy fournir de viures en toute faifon, quoy qu'il falut neceffairement, qu'on les luy fit porter au trauers des montaignes, qu'on iugeoit d'abord inaceffibles ?

Noftre Scipion, ne fut pas plutôt parti de Rome pour aller joindre fon Armée, que fes ennemis fe feruant de l'occafion de fon abfance firent eclater de nouueau leur calomnie contre fa probité ; pour en ternir la Reputation, l'accuferent d'auoir eté complice de toutes les mechancetez que Pleminius, vn de fes Lieutenans, auoit commifes dans Locres, au dommage de fes citoyens, & à la honte de la Republique. Ils luy impoferent encore tant d'autres fortes de crimes, qu'ils forcerent le Senat d'enuoyer des Ambaffadeurs à Locres pour s'informer de la verité ; mais comme ils n'en cogneurent point d'autre que celle de fon innocence, ils luy donnerent mille loüanges pour luy faire juftice, & s'en retournerent chargez de nouuelles informations de fa vie toute glorieufe.

La France aura cette éternelle reproche d'auoir enfanté des efprits fi pernicieux, que d'ozer noircir de leurs calomnies la Probité de Monfieur le Cardinal ; de luy dis-je qui d'vn zele tout de feu n'a iamais refpiré que pour le falut & pour la gloire de l'Etat : de luy diray-ie encor, dont les foins & les veilles qu'il a données à la conferuation de la France & à l'accroiffement de fon Empire, l'ont fait paroitre chenu en la fleur de fon âge, fe facrifiant de la forte par vn excez de magnanimité & pour fon Roy, & pour fa Patrie, comme s'il ne viuoit que pour eux. Mais auffi quelle gloire n'en a-t-il pas remportée ? Toute l'Europe ayant jetté les yeux fur fes actions pour les examiner, au bruit de tant d'impoftures a eté contrainte de fe recufer elle même, à force de rauiffement, ne pouuant être juge & partie, comme intereffée, puis que d'abord les vertus toutes extraordinaires de ce grand Cardinal, ne luy laiffoient d'autre liberté, que celle de les admirer. Nouuelle merueille tirée de fon innocence ! Que Dieu ayt permis que toutes ces calomnies ayent donné vn dernier éclat à fa reputation,

&

&fi fort épurée en la voulant noircir, qu'elle se peut conseruer
aujourd'huy d'elle méme comme éleuée au dessus de l'enuie.
Scipion victorieux de la calomnie par sa probité, de méme
que de ses ennemis par sa valeur, reçeut vne atteinte de déplaisir
lors qu'il sçeut que le Roy Syphax s'estoit declaré en faueur des
Carthaginois. Mais toutesfois son Esprit se seruant de ses propres forces en ces rencontres luy sugera les moyens de triompher
partout, & de ne considerer jamais ses ennemis que par leur nom,
plutot que par leur nombre, puis qu'il combatoit pour la justice,
en portant les armes pour le peuple Romain.

Les nouuelles que son Altesse de Sauoye auoit pris le party
d'Espaigne vne seconde fois, toucherent sensiblement Monsieur
le Cardinal considerant ce dommage par l'interest du retardement
de ses conquétes. Sa Prudence pourtant toûjours ingenieuse à
luy fournir des conseils dignes de son courage inuincible, luy
representa tout à coup ces obstables si foibles, qu'il conserua continuellement en sa force la premiere pensée qu'il auoit euë de vaincre
tous ses ennemis, & auec d'autant plus de raison encore, qu'il ne
combatoit que pour elle seule.

Le bruit de l'arriuée de Scipion dans l'Afrique causa vne telle
épouuente, que Carthage méme en fut alarmée, considerant le
peril, où elle étoit par la renomée seule de celuy qui luy en faisoit la menace. Et certes ce nom de Scipion auoit vne telle vertu
pour imprimer la crainte dans les cœurs, aussi bien que le respect,
qu'on trouuoit fort peu de courages à l'épreuue de cette sorte
d'attraintes. D'ailleurs comme ses ennemis étoient des-ja trop
sçauans à cognoitre sa valeur, portant encore sur le front les marques de leur deffaicte auec celles de leur honte, ils étoient en
peyne de trouuer parmy eux vn Capitaine qui n'en eut quelque
tache, dont l'objet continuel prechoit des-ja par auance la défaite
de ses soldats.

De quel effroy ne fut pas touchée l'Italie à la premiere nouuelle
de l'entrée triomphante que Monsieur le Cardinal y fit pour la seconde fois? Certes les tremblemens de terre, dont elle est souuent
émeuë, ne l'auoient jamais épouuentée si fort: Toutesfois comme il
n'en vouloit qu'aux ennemis de l'Etat, le reste du monde, dont elle
étoit peuplée, demeuroit en repos soubz la protection de la justice
de ses armes. De vous dire le desordre & la confusion, où se trouuoient les Espaignols dans la necessité où ils estoient d'vn nouueau
Capitaine, dont les conseils peussent retarder seulement le succés

de ceux de Monsieur le Cardinal, il me seroit impossible. Le bruit de sa seule reputation, & le souuenir continuel de leur défaicte, les étonnoit de la sorte qu'ils furent contrains de rapeller le Marquis d'Espinola comme leur Annibal. Mais sans y penser ils forcerent ce grand Capitaine de trauailler luy-même à sa sepulture.

Le premier combat & le plus important que fit Scipion en cette guerre, ne fut point sanglant, se seruant des seules armes de son esprit pour tacher à vaincre Syphax par stratagemes. Ce Prince luy ayant manqué de parolle, il luy fit tater le poulx diuerses fois pour le persuader de changer de party: & comme l'interest étoit sa seule visée, on luy offroit parauance tous les auantages que la victoire luy pouuoit faire acquerir. Et en cela Scipion auoit deux objets differens, l'vn du succés de ses poursuittes, & l'autre du gain de temps, dont il auoit besoing. Ce qui luy reüssit si heureusement, qu'à la fin il rendit inutile la puissance redoutable de ce Prince, ne demeurant obstiné dans son crime, que pour se rendre tout à fait malheureux.

Nous auons veu, ou plutot admiré le premier combat d'industrie & de prudence que donna Monsieur le Cardinal en cette seconde guerre d'Italie, contre son Altesse de Sauoye, par diuers Ambassadeurs, & autant de propositions de traictés, dont il entretenoit continuellement l'esprit agissant de ce grand Prince. Quelles offres auantageuses ne luy faisoit-il point, pour se seruir du temps à toute extremité, s'il ne pouuoit gaigner autre chose? En quoy il fit voir de noueau que toute la sagesse du monde ne pouuoit surprendre la sienne, comme ayant des lumieres, dont la grace plutot que la nature est le Soleil.

Scipion vainqueur des Carthaginois en mille rencontres dépoüille à la fin Syphax, comme engagé à leur party, & le reduit en état de chercher fortune auec vn sceptre à la main, & vne courone sur la teste: Mais quoy que ce Prince fut extrememenÉ magnanime, il succomba soubz le pesant fardeau de ce dernier mal-hour, mourant du seul coup de son attainte.

Les continuels auantages que Monsieur le Cardinal remportoit tous les iours sur les Espagnols en Italie luy fournissant le moyen de se venger de son Altesse de Sauoye, comme engagée à leur party, il se rendit Maistre en peu de temps de son Pays, & il força ce fameux Prince à se contenter de l'honneur de ses titres, comme n'étant plus Duc que dans sa memoire, par le souuenir de l'auoir été autresfois. Disgrace qui luy fut si sensible qu'il ayma mieux se rendre à la mort, qu'à son vainqueur, quoy qu'il n'eut triomphé de luy, qu'auec des armes Royalles.

La derniere bataille que donna Scipion en Affrique contre Annibal, ne luy assujetit pas seulement cette Prouince, mais encore tous les Carthaginois ensemble, puis qu'en triomphant de ce grand Capitaine, il vainquit tous les soldats qui tenoient son party.

La deffaite deuant Casal du Marquis d'Espinola peut passer pour bataille à l'auantage de Monsieur le Cardinal, comme l'ayant vaincu & forcé de se sauuer en l'autre monde, pour n'assister pas en celuy-cy aux funerailles de sa reputation : Et en triomphant de la sorte il ne se rendit pas seulement Maistre de l'Italie, mais encore de tous les ennemis de l'Etat, puis que la perte de ce grand Capitaine fut le desespoir de leur salut.

Annibal vaincu jetta de si solides fondemens de la renomée de Scipion que les vœux mémes ne pouuoient rien adjoûter à sa gloire, comme seruant d'objet aux plus releuées ambitions. Il est vray que la reputation d'Annibal n'ayant point d'autres limites que celles de la terre, sa défaite éleuoit si haut son vainqueur, qu'il eut falu trouuer vn nouueau monde pour le remplir du bruit de ses loüanges.

Ne puis-je pas dire que la mort du Marquis d'Espinola & la honteuse retraite de son armée donnerent de nouueau vn si vif éclat à la renomée de Monsieur le Cardinal, que les plus ambitieux d'honneur n'auoient que du respect & de l'admiration pour sa gloire, n'osant pretendre à ses lauriers ? Representez-vous l'auantage que celuy fut d'auoir reduit au desespoir le plus puissant ennemy de la France, & vn des plus grands Capitaines qui fut jamais. Certes comme sa reputation étoit sans exemple, on pouuoit soutenir hardiment que la valeur & la sagesse de celuy qui l'auoit vaincu seroient les merueilles de tous les siecles à venir, puis que les passez n'auoient rien veu de semblable.

Scipion reduit à la fin Carthage la superbe en seruitude sans employer d'autres forces ny d'autres armes que celles de sa renomée, & de son esprit. Ce n'est pas qu'il ne fut accompagné d'vne puissance inuincible, ayant tousjours auec luy celle de la Republique : mais il se contenta que le bruit en eut éclaté par toute la terre, apres l'auoir rendu aussi épouuentable que celuy de la foudre. Cette superbe fut humiliée, sans effort; cette imprenable fut prise sans canon, & ce grand Capitaine l'assiegea, l'ataqua &

s'en rendit maiftre dans vn moment, fans qu'vn monde de peuple, dont elle étoit gardée, eut le courage de luy refifter.

Ie compare à Carthage Nancy cette nouuelle Rochelle, que Monfieur le Cardinal prit à fa premiere veuë auec les feules forces de fa prudence. Il eft vray que la prefence du Roy fuiuy de fon armée redoutable, rendit d'abord à fes approches cette conquéte infalible, mais Monfieur le Cardinal l'en mit en poffeffion, faifant voir à tout l'Vniuers que fa Majefté en étoit le feul Monarque inuincible, puis qu'il n'auoit trouué ny fur la terre, ny fur l'onde, vn feul obftacle à fes deffeins. De forte que cette fortereffe, l'effroy & l'épouuente de fes voifins, fut prife fans fiege, de même que fans combat, & ne fe feruit de fes habitans que pour faire prefenter les clefs des portes à ce Iufte Conquerant, comme fi elle eut aprehendé en fa refiftance, d'étre abymée auffi auant fous terre, que fes rempars étoient efleués au deffus.

L'entrée triomphante dans Rome de Scipion fut glorieufe veritablement, mais elle n'eut point la pompe, l'éclat, ny la magnificence de celles de Pol Emile, de Lucille, & de Pompée: Le renom de fa belle vie, joint à la defaite d'Annibal, & à la prife de Carthage, faifoit toute fa gloire: Et toutesfois elle étoit fi grande que fi les autres n'eurent que des admirateurs, celle-cy fit tout le monde idolatre. Confiderez vn peu en quelle eftime deuoit étre Scipion, apres auoir gaigné tous les cœurs & affujety tous les efprits par la feule force de fa vertu. Apres dis-je auoir vaincu Annibal tous les Carthaginois enfemble, & conquis auec Carthage toute l'Affrique, fon Triomphe pompeux, éclatant, & magnifique par fa feule prefence, fut fi celebre pourtant au peuple Romain, que tous les ans chacun en chômoit particulierement la féte, à force de rejoüiffance, tant le fouuenir en étoit delicieux.

L'entrée de Monfieur le Cardinal à fon retour glorieux de Lorraine n'eut point auffi l'éclat ny la pompe des triomphes des Romains, quoy qu'il en euft acquis toute la gloire, il affifta feulement au Triomphe du Roy apres en auoir fait les preparatifs paroiffant toutesfois fi glorieux du feul éclat que fa Majefté faifoit rejalir fur luy, qu'on n'auoit des yeux que pour l'admirer. Dequoy même il étoit encore fi jaloux pour elle, que s'il eut peu étre maiftre des regards d'autruy auffi bien que de fes penfées, il eut fait tourner les yeux de tous fes admirateurs du cofté de fon Soleil, je veux dire du Roy, ne voulant étre admiré ny confideré qu'en luy feul. Reprefentez-vous pourtant la grandeur de fa gloire
reuenant

reuenant victorieux auec sa Majesté d'vne guerre, où ses conseils
l'auoient faicte triompher, & de l'Italie, auec son second Annibal ce fameux Marquis d'Espinola, & de la Lorraine auec tout
son peuple belliqueux.　　Aussi peut-on dire hardiment que le iour
de cét heureux retour de sa Majesté & de son Eminence dans Paris,
apres tant de conquétes, est marqué de rouge, je ne dis pas dans
nos Calandriers seulement, mais encore dans les cœurs de tous
les bons François par la memoire eternele qui leur en demeure.
Scipion le lendemain de son entrée se trouua aussi grand dans
sa maison qu'il étoit dans le Capitole le iour méme de son Triomphe, & certes la preuue en est fort claire si l'on considere que
toute sa grandeur n'auoit d'autre fondement que sa seule vertu.
De sorte qu'étant tousjours luy méme auec les simple habits de
Citoyen qu'il portoit, son seul merite faisoit éclater autour de luy
la méme pompe & la méme magnificence, qui accompaignoit
son char de triomphe.　　Cét le seul auantage que les hommes de
cette reputation ont pardessus tout le reste du monde, demeurant
tousjours dans vn méme état, quelque changement qui paroisse,
& en leur authorité, & en leur puissance, sans craindre que le
temps ny la fortune acourçisse la mesure de leur grandeur, comme étant grauée dans leurs entrailles.
Monsieur le Cardinal parut le méme, & dans son Palais, &
dans le Louure le lendemain de son glorieux retour, & quoy qu'il
n'eut plus les oreilles battuës auec effort du bruit de ses loüanges,
sa memoire en faisant resoner la melodie dans son esprit, le tenoit
tousjours en repos : Encore que les couronnes des victoires &
des triomphes soient sujettes au hale du Soleil l'honneur qui les
fait de ses mains propres y grauant dessus son image, le Temps
n'en sçauroit jamais effacer les traits, & leur matiere à beau se
détruire, la forme en demeure tousjours sur les téstes qui en ont
été couronnées par vne secrete vertu dont elle méme est l'ouuriere.
Scipion apres auoir reçeu toutes les faueurs de la fortune dans
la guerre, reçoit enfin de luy méme, je veux dire de sa propre
vertu, tous les nouueaux auantages qu'il en pouuoit esperer par
les honneurs que sa Republique luy rend, auec la qualité de Prince
du Senat qu'elle luy donne, ou plutost dont elle s'acquitte enuers
son merite. Mais certes tous ces honneurs, quoy qu'Eminens
n'elleuent point son ambition, comme ayant desja marqué ses
limites dans le repos que sa seule probité luy a fait acquerir. Et en
effect que peut souhaiter vn homme de bien au delà de cette qualité

qu'il porte grauée dans sa conscience? On a beau l'éleuer tous les
jours sur des nouueaux trosnes: le premier que luy-mesme s'est fait
à l'aide de sa vertu, est la place qu'il occupe continuellement, & le
cheuet sur lequel il repose à son aize.

Dequels bien-faits sa Majesté ne récompensa-t-elle pas aussi les
seruices tous importans de Monsieur le Cardinal? de quels nouueaux témoignages d'affection ne recognut-elle point encore ceste
si pure & si extréme qu'il luy auoit voüée? Quels honneurs, dis-je,
ne luy rendit-elle pas en vuidant son cœur vrayement Royal dans
le sien tout magnanime? Mais veritablement toutes ces graces,
quoy que diuines comme procedant du plus grand Dieu de la terre
ne le touchoient que foiblement de complaisance. Encore n'en eut-
il pas eu le sentiment, si cette Diuinité ne luy eut donné auec elles,
les dispositions à goutter ce plaisir, puis qu'il n'en souhaitoit jamais d'autre que celuy que ses bonnes actions luy produisoient
d'elles-mesmes?

Durant le Consulat de L. Scipion frere puisné de Scipion
l'Affricain, & de C. Lelius tous deux pretendans au Gouuernement
de l'Asie pour faire la guerre au Roy Antiochus, le Senat aprés
auoir balancé également le merite de tous les deux, sembloit fauoriser toutesfois C. Lelius au prejudice de L. Scipion son frere, mais
cette seule qualité qu'il portoit jointe à la gloire, qui étoit inseparable de son nom, le rendit tout à coup si considerable, qu'on le prefe-
ra à son compaignon, & d'autant plus encore que Scipion
méme s'offrit à luy seruir de conseil & de guide pour trouuer le
chemin du Triomphe.

Tout le monde a sçeu que dans le dessein qu'on fit d'aller conquerir la Flandre, il se presenta vn nombre infiny de grands Capitaines tous pretendans au Commandement des armes du Roy en
cette guerre, & que sur le point qu'on se vouloit déterminer au
choix parmy tant de riuaux, Monsieur de la Milleray neueu de
Monsieur le Cardinal fut preferé à tous ensemble, tant en con-
sideration de sa valeur, que de l'honneur particulier qu'il
auoit d'apartenir de si prez à son Eminence, estant impossible
qu'vn Seigneur & de sa naissance & de son merite, fit des actions
qui dementissent la gloire de son illustre race. De sorte qu'il
fut fait General d'armée en cette guerre de Flandres, & deslors
que Monsieur le Cardinal témoigna de le vouloir assister, & de sa
presence, & de ses conseils, on tira des consequences infalibles de
sa victoire.

L. Scipion reuint à la fin victorieux & triomphant de cette guerre à l'aide de sa propre valeur, & de la prudence de Scipion l'Africain son frere, dont le seul renom seruoit d'vne nouuelle armée pour épouuenter ses ennemis. Il fit son entrée dans Rome, où il reçeut apres tant de couronnes de victoire, la derniere du Triomphe.

Quel honeur ne remporta pas Monsieur de la Milleray dans cette guerre, se rendant d'abord maistre d'vne des plus importantes places de cette Prouince estrangere en presence des ennemis? comme si sa fortune & leur malheur eussent contribué également à les faire assister aux funerailles de leur reputation, se voyant vaincus sans combat, & contrains à la fin, de se voüer à la fuite, comme à vn autel de refuge? La gloire du triomphe de Monsieur de la Milleray fut sans exemple, puis que le Roy le fit Mareschal de France sur la bresche des mesmes rempars, dont il auoit assiegé, & pris la ville. Il est vray que la presence de sa Majesté, & le conseil de Monsieur le Cardinal contribuérent beaucoup à cette conquéte. Mais on doit tousjours cette loüange particuliere à Monsieur de la Milleray d'auoir contraint le Roy à force de merite à luy donner cette charge de Mareschal de France, puis que ses importans seruices en auoient fait vne debte, dôt sa Majesté s'aquitta pour luy rendre justice. Quel auantage ne fut ce pas à ce genereux Conquerant de prendre la Flandre pour le teatre de sa renommée, où sa valeur luy fit faire le personnage de victorieux & de triomphant, au dommage de ses ennemis, & à la honte de toute l'Espaigne?

Quel trofhe dis-je fut jamais plus superbe & plus glorieux, que celuy que Monsieur de la Milleray s'erigea luy mesme pour y receuoir des mains sacrées du plus grand Monarque du monde, le Baston de sa charge de Mareschal? je dis qu'il s'erigea luymesme, puis qu'à coups de canons il fit ébouler la terre, sur laquelle il en jetta les fondemés. Quelle merueille encore que la bréche qu'il fit à la reputation de ses ennemis, seruit de trône à la sienne, & qu'vne ville ennemie fit aussi en mémé temps vne nouuelle porte de ses rempars pour donner vn plus grand éclat à son triomphe.

Scipion l'Africain toutesfois triompha malgré luy auec L. Scipion son frere ne pouuant empescher que tous ses admirateurs, qui ne recognoissoient d'autre Deesse Tutelaire que sa Renomée, ne partageassent la gloire du triomphe pour luy en donner la moitié. Mais comme tous ces honeurs qu'on rendoit & à l'vn, & à l'autre s'ecouloient comme autant de ruiffeaux dans la méme fource d'où ils procedoient. L. Scipion, quoy que vainqueur, s'eftimoit heureux de receuoir toutes les couronnes de fa victoire des mains de Scipion l'Africain fon frere, puis qu'elles feulles pouuoient les mettre hors de prix.

Il faut aduoüer que Monfieur le Cardinal reçeut fans y penfer fa part de l'honeur de cette conquéte, & qu'il ne peut jamais empefcher qu'on ne luy en attribuat le méme auantage qui étoit deu au Conquerant. Mais Monfieur de la Milleray confiderant que la gloire qu'on donnoit à Monfieur le Cardinal rejaliffoit à plain fur luy, étoit fort aize que fon Eminence triomphât la premiere, puis que le bon heur qu'il auoit de l'accompagner en ce triomphe étoit la plus riche couronne qu'il en pouuoit efperer.

Scipion l'Africain quoy que comblé de gloire reçeut des noueaux honeurs de la Republique étant encore efleu par deux fois Prince du Senat. On ne pouuoit jamais fe laffer de porter des offrandes fur cét autel puis que c'étoit celuy-là mefme de la vertu. Ce qui le mettoit en vne fi haute eftime, non feulement dans Rome, mais dans les pays eftrangers, que quand on vouloit flatter quelque grand Perfonnage, on luy fouhaittoit la gloire de Scipion.

Monfieur le Cardinal reçeut auffi de la bouche du Roy toutes les loüanges qui eftoit deües à fon merite, je dy de la bouche du Roy, puis que luy feul étoit capable d'en cognoitre la grandeur, & comme ces loüanges étoient autant de nouuelles dignitez, dont fa Majefté l'honoroit, on pouuoit dire auec raifon que toutes les fois qu'elle les luy donnoit, il l'élenoit dans vn nouueau degré d'honneur, mais de volonté & de penfée feulement, ne pouuant le placer plus haut qu'il étoit dans fon eftime : Ce qui me fait dire encore à fon auantage qu'il n'apartient qu'à Dieu feul de nous faire voir fon pareil, comme vn ouurage de fes mains propres. Et certes l'argument qu'on en peut faire conclurra tousjours de luy-méme puis que les fiecles paffez ont paffé fans nous reprefenter d'autres merueilles que celles que l'Art à mifes en œuure, comme fi la moindre action de Monfieur le Cardinal n'étoit pas fans comparaifon, de plus haut prix.

On nous parle tant du Temple de Diane, & que dira-t'on des Autels qu'il a meritez. On eftime fi fort ce Mauzolee, mais la gloire eft beaucoup plus grande de s'exempter du tombeau, comme il fait. Qu'on publie fi haut qu'on voudra la hauteur de ces Pyramides d'Egypte, celles de palmes & de lauriers, que Monfieur

le Cardinal

le Cardinal s'érige luy mesme tous les jours en seruant si fidelle-
ment le Roy son Maistre, sont d'vn autre prix comme étant à
l'épreuue des années. Quelle comparaison y peut-il auoir du Co-
losse de Rodes à celuy de la Rebellion, qu'il a destruit? Des murs de
Babylone, à ceux de la Rochelle qu'il a fait mettre en poudre? De ce
fameux Simulacre du Maistre des Dieux, aux foudres que ses conseils ont forgez à nostre veritable Iupiter, pour reduire en cendre
les temeraires Geants qui vouloient écheler le Ciel de son Empire?
Et de ce superbe Palais de Cyrus, à tant de Cloistres, que son
Eminence a fondez par vne inuention de charité qui ne peut estre
dignement loüée que des Anges? De sorte qu'on pourra dire
du siecle qui a fait naistre Monsieur le Cardinal, & de celuy-cy qui
preside aux merueilles de sa vie, qu'eux deux seuls en passant nous
ont fait voir l'eternité des chef d'œuures de la nature du son Eminence, puis qu'Elle ne porte que des marques d'immortalité.

   Scipion en fin cotoyant de prez le riuage du port, où il auoit
fait heureusement surgir auec luy toutes ses esperances, joüyssoit
du calme & de la bonnace dans vne de ses maisons des champs
assize au bord de la mer, lors que des Pyrates y vindrent moüiller
l'ancre, touchez de la seule curiosité de voir vn si grand Capitaine.
Et en effect desllors qu'ils se furent donnez l'honneur de l'admirer à leur aize, ils firent voile auec autant de satisfaction que
s'ils eussent eté changez d'vn grand butin. Iugez maintenant
quel bruit doit faire dans le monde la reputation d'vn grand Personnage, & de quelle veneration encore est la vertu, à ceux
mémes qui font profession de suiure le vice, si elle les contraint
à luy porter leurs hommages des lieux les plus éloignez, jusques
dans sa demeure. Cessez toutesfois de vous en étonner, cognoissant le merite de Scipion, vn sujet si merueilleux ne pouuoit
produire que des effects semblables.

   Ie trouue maintenant de grands raports de cette curiosité des
Pyrates, à celle que toute sorte d'étrangers ont aujourd'huy, de venir
voir Monsieur le Cardinal en France : le monde y accourt en foule,
croyant auec beaucoup de raison d'admirer en son Eminence toutes les vertus, chacune dans son trone. Et à n'en mentir point,
quand Platon viuroit encore, je defierois son bel esprit, quelque fecond qu'il fut en idées, d'en conceuoir vne seule assez parfaite pour
en former vne nouuelle image de Monsieur le Cardinal; mais si ses
ennemis méme éloignez de l'éclat de sa presence, sont contraints
par la seule force de sa renomée, à seruir d'écho à cette voix pu-

blique, lors que fur le plus haut ton elle raconte l'hiftoire de fes
faits tous glorieux, en quels termes en parlerons nous aujour-
d'huy ? Nous dif-je qui par vn excez de bon-heur poffedons cét
incomparable de l'admirer tous les jours, & d'auoir les oreilles
charmées du doux recit des merueilles continuelles, dont fa Prudence eft l'ouuriere. Certes fi les paroles ne fe formoient de vent
il feroit jufte pour honorer fa vertu, qu'on fit vn nouueau langage qui ne parlat jamais que d'elle feule ? & je veux croire que ce
langage feroit bien-tot commun à toutes les nations de la terre,
puis qu'elle méme eft toute remplie du bruit de fon renom.
    Ie ne parleray point de la mort de Scipion : les hommes de fon
merite ne meurent jamais: je veux feulement qu'apres auoir jetté
les yeux fur le portrait de fa vie toute glorieufe, vous les arreftiez
encore quelque temps fur fa propre image, pour admirer de nouueau en abregé, & les qualitez de fon corps, & les perfections de
l'ame qui l'animoit. Et comme ie fai tousjours mes Paralleles
vous verrez tout à la fois vn nouueau crayon de ce grand Cardinal, mais en pourfil, ne pouuant vous le reprefenter qu'à demy,
& du cofté de mon induftrie, dont les limites font de petite
étenduë.
    Scipion étoit grand de taille, fort beau de vifage, & auoit vn
port & vn air, qui marquoit auec la grandeur de fa naiffance, le
merite extraordinaire qui étoit affecté à fa perfonne. Il auoit encore tant de viuacité en fes yeux, tant de force en fes difcours, que
fes regards penetroient fouuent jufques au cœur de ceux qu'il re-
gardoit, comme s'il eut eu la vertu d'en cognoitre les penfées : &
fes paroles de méme perfuadant tout ce qu'il defiroit, il faloit
de neceffité fuir fon abord pour fe deffendre de fon eloquence, ne
pouuant l'ouyr & luy refufer ce qu'il demandoit. Il auoit l'efprit
vif, clair, & prefent, le jugement folide, la memoire excellente,
& l'humeur tousjours ferieufe, marquant méme quelque forte
d'authorité, comme dit Tite Liue, quand il hochoit la téte feulement, pour faire voir que la plus petite de fes actions portoit fon
prix auec elle. Il eftoit auffi d'vn temperament fort fein, quoy
que fa façon de viure auftere & reiglée contribuat beaucoup à la
conferuation de fa fanté. Il fe plaifoit à la folitude comme je
vous ay dit, mais il n'eftoit jamais moins feul que quant il étoit feul,
& le méme autheur remarque qu'il fongeoit continuellement aux
affaires de fa Republique, & que de la forte, s'il n'eut vécu pour
elle feule, il n'eut pas pris tant de foing qu'il faifoit à fe conferuer.

Pour les vertus il les possedoit sans dispute toutes ensemble. Et ce ne fut pas sans sujet qu'on les representa en relief sur son tombeau; il estoit juste que leurs ombres fussent inseparables de la sienne, puis qu'en viuant elles-mêmes auoient respiré auec luy. De vous prouuer qu'il estoit vaillant, jamais homme n'a eu la foiblesse d'en doubter: de soustenir qu'il estoit sage, si l'Oracle ne luy en donna pas le nom, de méme qu'à Socrates, ses actions aussi croyables, luy en ont fait porter dignement la qualité. De vous persuader aussi qu'il estoit magnanime, vne race toute glorieuse comme la sienne, ne pouuoit produire que des cœurs d'vne si noble trempe. Qu'il fut en fin chaste & continent, toute sa vie est vn autel consacré particulierement à cette vertu, ayant tousjours vaincu ses passions, auant que de triompher de ses ennemis. Tournons maintenant la medaille pour vous faire admirer le relief de ce Portrait.

Monsieur le Cardinal est d'vne riche taille, son port & sa grace également admirables imposent d'abord vne loy de respect à tous ceux qui s'aprochent de luy. Son visage accomply en toutes ses parties a vne beauté si venerable, qu'elle se fait aymer respectueusement comme étant plaine de majesté, son éloquence plus que mortelle sçait si bien l'art naturellement de charmer les cœurs par les oreilles, qu'elle n'a jamais trouué de resistence à persuader tout ce qu'il veut. Et si les Poëtes, qui ont donné des chaines d'or imaginaires à Hercule viuoient encore, ils les ressentiroient aujourd'huy veritables, comme enchesnez d'esprit par les oreilles, aux discours de ce fameux Cardinal. De vous representer la grandeur de son esprit & la force de son jugement, il me sufit de vous dire que ce sont deux talens tous particuliers que Dieu luy a donnez, & que sans vne grace qu'il luy fait toute extraordinaire, ils ne sçauroient multiplier, comme étant vniques en leur espece. Sa mémoire a cette diuine vertu d'oublier les injures, & de ne se souuenir que des seruices qu'on luy a rendus.

De vous dire encore qu'on ne peut mieux sçauoir le nombre des vertus, que par celuy de ses inclinations, c'est vn article de foy morale parmy les plus incredules. Sa Pieté paroissant plus viuement dans son ame, que dans l'éclat de sa pourpre, se fait des autels secrets en tous lieux, pour pouuoir rendre ses hommages en tout temps, au Dieu de ses Temples. Sa Charité embrasant son cœur d'vne flamme toute diuine, on peut dire qu'il est vne lampe ardente qui luira d'vn méme feu, autant de temps qu'il respirera.

Sa Chasteté ne ressent point la contrainte de son vœu, ayant succé le laict de cette vertu auec celuy de sa Nourrice, Sa Iustice se fait cognoître aussi éminente que sa personne, rendant tousjours à vn chacun ce qui luy apartient : Et c'est ce qui a obligé sans doubte nostre IVSTE LOVYS à le faire distributeur d'vne partie de ses graces. Sa Prudence a beau seruir d'échole aujourd'huy à tous les sages du siecle, les leçons qu'elle leur donne sont d'vn si haut style, que les plus sçauans écholiers perdent l'esperance d'y passer Maistres. Sa valeur hereditaire à tous ceux de son illustre race, ne pouuant éclatter sous le voile de sa Pourpre, n'a pas laissé de se faire cognoître en diuerses rencontres, le portant dans des perils, où d'vn visage riant il voyoit palir ceux des plus hardis. Sa Clemence a rendu souuent ses ennemis mêmes de l'adorer, voyant qu'elle tenoit enchaînée sa puissance, pour les laisser viure en repos dans l'exil, où eux-mémes s'étoient condamnez.

Sa Magnificence enfin tousjours pompeuse & éclatante, d'elle même s'est dressée vn nombre infiny de trônes pour y receuoir de toutes les nations de la terre les hommages de leur admiration. Et certes tout le monde accour en foule dans Paris pour voir ce magnifique bastiment de la Sorbone, dont les pierres sont toutes d'attante, attendant tousjours qu'on y graue dessus ce Nom de RICHELIEV, puis qu'en effet il est plus riche que le Palais de Salomon, comme remply du tresor de la science des Anges. C'est cette tour de Dauid, dont les pierres taillées en forme de bouches, sembloient parler incessament à l'honeur de ce Royal Prophete. Ce qui me donne fort à propos cette belle pensée, que la sagesse de Monsieur le Cardinal s'est bâti vne Maison, dont l'Eternité est le fondement. C'est ce fameux Temple de Hierusalem, où d'vne voix continuelle on chante hautément la gloire du Seigneur. Ie m'arrette dedans, & dressant vn Autel aux pieds de ce nouueau Salomon, Ie veux dire de nostre grand Cardinal qui l'a fait bastir, iy presente à genoux l'offrande de ce petit ouurage.

FIN.

PRIVILEGE DV ROY.

LOVIS par la grace de Dieu Roy de France & de Nauarre, A nos amez & feaux Conseillers les Gens tenans nos Cours de Parlement, Baillifs, Seneschaux, Preuosts, ou leurs Lieutenans, & autres nos Iusticiers & Officiers, & à chacun d'eux ainsi qu'il appartiendra, Salut. GVILLAVME MILANGES nostre Imprimeur ordinaire en nostre Ville de Bourdeaux, nous a fait remonstrer qu'il a recouuré vn Liure intitulé, *Le Portrait de Scipion l'Affricain, ou l'Image de la Gloire & de la Vertu*, qu'il desiroit mettre en lumiere s'il auoit sur ce nos Lettres necessaires: A CES CAVSES, desirant fauorablement traiter ledit Exposant, pour luy donner moyen de recouurer les grandes despenses qu'il luy conuient faire en l'Impression dudit Liure, & qu'il ne soit frustré des fruicts de son labeur, Luy auons permis & octroyé, permettós & octroyons de grace speciale par ces presentes, d'imprimer ou faire imprimer en tel marge & characteres que bon luy semblera ledit Liure; Iceluy mettre & exposer en vente, & distribuer durant le temps de cinq ans, à commencer du iour qu'il sera acheué d'imprimer: Defendant à tous autres Imprimeurs, Libraires, estrangers, & autres personnes de quelque qualité qu'ils soient, de l'imprimer ou faire imprimer, ny mettre en vente durant ledit temps sous couleur de fausses marques, noms supposez des lieux & des Villes, diminution, augmentation, correction, ou autre déguisement, sans le consentement & permission dudit Exposant, ou autre ayant charge de luy, sur peine de confiscation d'iceluy, & quinze cens liures d'amende, & de tous despens, dommages & interests enuers luy, A la charge d'en mettre deux exemplaires en nostre Bibliotheque publique, & vn autre exemplaire és mains de nostre trescher & feal le Sieur Seguier, Comte de Gien, Cheualier, Chancelier de France, auant que l'exposer en vente suiuant nostre Reglement, à peine d'estre décheu du present Priuilege. SI VOVS MANDONS que du contenu en ces presentes, vous faciez, souffriez & laissiez jouïr ledit Milanges plainement & paisiblement, & à ce faire souffrir & obeïr tous ceux qu'il appartiendra: En mettant au commencement ou à la fin dudit Liure ces presentes, ou vn bref extraict d'icelles, voulons qu'elles soient tenuës pour deuëment signifiées, & qu'à la collation foy soit adjoustée comme au present original: CAR tel est nostre plaisir. DONNE' à Paris le vingt-septiéme iour d'Auril mil six cens quarente-vn, & de nostre regne le trente-vniéme. Signé, Par le Roy en son Conseil, PETIT, & seellé du grand Seau de cire jaune.

www.ingramcontent.com/pod-product-compliance
Lightning Source LLC
Chambersburg PA
CBHW051546050726

47595CB00002B/660